Klett Lektüre**hilfen**

Hartmut Lange

Das Haus in der Dorotheenstraße

Für Oberstufe und Abitur

von
Wolfgang Pütz

Klett Lerntraining

Dr. Wolfgang Pütz, Gymnasiallehrer für die Fächer Deutsch und Französisch und Lehrbeauftragter für die Didaktik des Französischen an der Universität Köln.

Die Textzitate folgen der Ausgabe: Hartmut Lange: Das Haus in der Dorotheenstraße. Novellen, Zürich: Diogenes, 2013.

Bibliografische Information der Deutschen Bibliothek
Die Deutsche Bibliothek verzeichnet diese Publikation in der Deutschen Nationalbibliografie; detaillierte bibliografische Daten sind im Internet über http://dnb.ddb.de abrufbar

Dieses Werk folgt der reformierten Rechtschreibung und Zeichensetzung. Ausnahmen bilden Texte, bei denen künstlerische, philologische oder lizenzrechtliche Gründe einer Änderung entgegenstehen.

1. Auflage 2017

© PONS GmbH, Stöckachstraße 11, 70190 Stuttgart 2017
Alle Rechte vorbehalten
www.klett-lerntraining.de
Teamleitung Sekundarstufe II: Christine Sämann
Umschlagfoto: laif, Köln, Hans-Christian Plambeck
Abbildung Seite 11: mauritius images / SuperStock / Fine Art Images
Satz: DOPPELPUNKT, Stuttgart
Druck: medienhaus Plump GmbH, Rheinbreitbach
Printed in Germany
ISBN: 978-3-12-923138-8

1 Inhaltsangabe und erste Deutungsaspekte

2 Analyse und Interpretation

❶ Inhaltsangabe und erste Deutungsaspekte

Vorbemerkung zur Textauswahl

Hartmut Langes Novellensammlung *Das Haus in der Dorotheenstraße* umfasst insgesamt fünf Novellen, die eine äußere räumliche und eine innere thematische Einheit bilden. Sie alle handeln von Menschen, die im Südwesten Berlins leben und sich in einer existenziellen Grenzsituation befinden.

Wegen dieser unverkennbaren Einheit bietet die vorliegende Lektürehilfe Analysen und Interpretationen aller fünf Novellen, wobei aber die Titelerzählung im Mittelpunkt des Interesses steht. Gerade durch die vergleichende Betrachtung der Novellen erschließen sich die Gemeinsamkeiten und Unterschiede der einzelnen Texte in besonderer Weise.

Ihre Besonderheiten treten noch deutlicher hervor, wenn man sie mit Novellen aus einer vollkommen anderen Zeit in Beziehung setzt. Durch eine vergleichende Untersuchung von Langes Novellen mit Heinrich von Kleists *Die Marquise von O…* und E. T. A. Hoffmanns *Der Sandmann*, also mit literarischen Texten, die etwa zweihundert Jahre älter sind, erhalten Leserinnen und Leser der Lektürehilfe die Möglichkeit, einen noch umfassenderen und tieferen Einblick in die Kunst der Novelle zu gewinnen.

Die Titelnovelle
„Das Haus in der Dorotheenstraße"

KURZINFO

Drama einer Entzweiung

- „Das Haus in der Dorotheenstraße" ist eine Novelle der deutschen Gegenwartsliteratur, die 2013 in einem Sammelband mit vier weiteren Novellen von Hartmut Lange unter dem Titel *Das Haus in der Dorotheenstraße* erschien.
- Die kurze Titelgeschichte erzählt vom überraschenden Zerbrechen einer scheinbar stabilen Ehebeziehung.
- Während seines mehrmonatigen berufsbedingten Aufenthaltes in London macht der Journalist Gottfried Klausen verstörende Erfahrungen bei telefonischen Kontakten mit seiner in Berlin lebenden Frau Xenia.
- Das für ihn absonderliche Verhalten seiner Ehefrau und eine Männerstimme am anderen Ende der Telefonleitung erschüttern den bislang selbstgewissen Mann in den Grundfesten seiner Existenz.
- Einem offenen Anfang der Handlung folgt ein offenes Ende mit dem ungelösten Rätsel, ob Gottfried Klausner seine Frau tötet.

Dass von den fünf Novellen der Sammlung *Das Haus in der Dorotheenstraße* die dritte zur Titelgeschichte wurde, lässt die Annahme zu, dass eben diesem Text eine besondere Bedeutung, möglicherweise sogar eine Schlüsselstellung zukommt. Auf den kaum mehr als 16 Seiten der Taschenbuchausgabe wird in sechs kurzen Kapiteln die Geschichte vom Ende einer langjährigen Ehebeziehung erzählt. Als angesehener „Korrespondent einer überregionalen Tageszeitung" (74) wird Gottfried Klausen, der wegen der herausragenden Qualität seiner journalistischen Arbeit und der Tatsache, dass er „mehrere Sprachen beherrscht[e]" (ebd.), bereits mehrfach im Ausland tätig war, mit der Vertretung seiner Zeitung in London beauftragt. Da seine Frau Xenia vorerst weiterhin in Berlin bleiben möchte, tritt ihr Mann im Februar die Abreise in die britische Hauptstadt alleine und in der Gewissheit an, dass seine Ehefrau ihm später folgen wird. Während er seinen beruflichen Aufgaben als Auslandskorrespondent mit dem Schwerpunkt Wirtschaft nachgeht, gelingt es ihm allerdings nicht, aus der ihm zugewiesenen, für ein Ehepaar zu kleinen Zweizimmerwohnung „in ein größeres Apartment um[zu]ziehen" (76).

Gottfried Klausen, die Hauptperson, ist ein gebildeter Mann von großer Weltläufigkeit

Nachdem Gottfried Klausen in den ersten sechs Wochen seines Aufenthaltes in London wiederholt mit Xenia telefoniert hat, geschieht es an einem Abend Ende März das erste Mal, dass er sie wiederholt anruft, ohne dass sie auf ihrem Handy antwortet. Als er sie am Folgetag endlich erreicht und ihr mitteilt, dass er eine Dreizimmerwohnung in Aussicht habe, für die er den Mietvertrag innerhalb einer kurzen Frist unterschreiben müsse, reagiert sie zwar „zögerlich" (80), jedoch schließlich mit der Zusage, dass sie am folgenden Sonntag nach London fliegen werde, um dort die neue Mietwohnung zu besichtigen.

Berufsbedingter Umzug: Heimatlosigkeit in der Großstadt London statt häuslicher Geborgenheit

Entgegen dieser Ankündigung findet sie sich jedoch nicht zu dem vereinbarten Termin auf dem Flughafen Heathrow ein. Nach vergeblichem, ungeduldigem Warten wählt Klausen ihre Handynummer, hört aber am anderen Ende der Leitung eine Männerstimme, für die ihm seine Frau, als er sie nach der Rückkehr vom Londoner Flughafen endlich persönlich erreicht, keine Erklärung gibt. Zu diesem Zeitpunkt ist ihm allerdings auch Xenias Entschuldigung dafür, dass sie die Flugreise von Berlin nach London nicht angetreten hat, unwichtig, weil er inzwischen Zweifel an dem Sinn des Umzugsprojekts und auch am eigenen Verhalten gegenüber seiner Frau entwickelt hat. Die plötzliche Infragestellung seiner ursprünglichen Pläne veranlasst ihn daher, seiner Frau gegenüber den Wunsch zu äußern, dass er sie bald in Berlin wiedersehen wolle.

Klausens Ehefrau Xenia kommt aus unerfindlichen Gründen nicht nach London

Das Besuchsvorhaben scheitert kurzfristig, weil der Flugverkehr über England wegen der Aschewolken, die der Ausbruch des isländischen Vulkans Grimsvötn verursacht, vorläufig eingestellt worden ist. Erneut meldet sich eine Männerstimme, als Gottfried Klausen seine Frau telefonisch über die Annullierung seines Flugs informieren will. Die unbekannte Person möchte erst wissen, wer er sei, bevor sie der Aufforderung folgt, das Gespräch an Xenia weiterzugeben. Statt der Stimme seiner Frau hört Gottfried Klausen dann lediglich noch „Flüstern" und „ein unterdrücktes Lachen" (86), bevor die Verbindung abbricht. Vergeblich wartet er in der Folgezeit auf einen Anruf seiner Frau.

Eskalation: Behinderung des Flugverkehrs durch die Aschewolken eines Vulkanausbruchs

Das Unfassbare geschieht: Klausen muss annehmen, dass seine Frau mit einem fremden Mann zusammen ist

7

Der Anfang vom Ende: Klausen vernachlässigt seine beruflichen Aufgaben

Unter dem Eindruck dieser für ihn unerklärlichen Handlungsweise beginnt er, über seine Frau und die Ehe mit ihr nachzudenken. Zugleich zeigt er in seiner beruflichen Tätigkeit erstmals auffällige Verhaltensweisen, die den Chefredakteur in Berlin zu der Frage veranlassen, was mit ihm los sei und warum er unbrauchbare Beiträge zur Veröffentlichung vorlege. Auf Klausens ausweichende Antwort hin, dass er sich in der fremden Hauptstadt nicht wohl fühle, reagiert der Chefredakteur mit Beschwichtigungen. Dennoch besteht Klausen auf einer sofortigen Abreise aus London. Er erklärt seinen Wunsch zu einer Fahrt nach Island, um dort Recherchen für eine Reportage über die Folgen des Vulkanausbruchs zu unternehmen.

Das Ende: Klausen verschwindet aus dem Sichtfeld des Erzählers, der andeutet, dass der einst seelisch gefestigte Mann zum Mörder wird

Am Ende der Novelle erklärt der auktoriale Erzähler, dass er über den weiteren Lebensweg des Protagonisten nichts wisse. Er könne lediglich sagen, dass zum Zeitpunkt der beginnenden Kastanienblüte in dem Wohnhaus „[h]in und wieder […] ein Frauenlachen" (93) zu hören sei. Zugleich warnt der Erzähler vor einer möglichen Bedrohung der Frau durch den unerwarteten nächtlichen Besuch des Mannes, der „hier zu Hause" (ebd.) sei. Der Text schließt mit folgenden rätselhaften Sätzen ab:

> „*Put out the light!*', rief er, und wenig später, nachdem er eingetreten war, man hörte noch eine Tür klappen, erloschen im Haus an der Dorotheenstraße die Lampen. Das Haus lag in völliger Dunkelheit." (Ebd.)

Die anderen Novellen der Sammlung

Die Besonderheiten der Novelle „Das Haus in der Dorotheenstraße" treten besonders hervor, wenn man sie
mit den anderen vier Erzählungen in dem Sammelband
Das Haus in der Dorotheenstraße vergleicht. Die Gegenüberstellung schärft den Blick für typische Themen, Inhalte, Motive und Bilder sowie für spezifische Erzähl-
weisen. Von diesen Wahrnehmungen und Erkenntnissen
aus entfaltet sich die Analyse der Titelnovelle noch einmal zusätzlich zu einem erhellenden Einblick in die Tie-
fenstrukturen der jeweiligen Texte.

Die Novellen-
sammlung bildet
eine thematische
Einheit

„Die Ewigkeit des Augenblicks"

KURZINFO

Tragödie eines Verlustes
- Der Architekt Michael Denninghoff gibt nach dem Tod seiner Frau Kathrin Beruf und Wohnung auf.
- Er wird Taxichauffeur und sucht von nun an Orte auf, die ihn an das harmoni-sche Zusammenleben mit seiner Frau erinnern.
- Mit einer mehrfachen Rückkehr in die einstige Wohnung sowie mit einer Kurzreise nach Paris begibt er sich auf eine sehnsüchtige Suche nach Spuren des einstigen Liebesglücks.
- Der endgültige Verlust der Vergangenheit verdichtet sich im vergeblichen Bemühen um die Wiederentdeckung einer Gemäldekopie.
- Die Erfahrung der Vergänglichkeit treibt Michael Denninghoff an das Ufer eines Kanals, wo sich seine Spur verliert.

Auch die erste der fünf Novellen im Erzählband *Das
Haus in der Dorotheenstraße* enthält das zentrale Motiv
vom Verschwinden einer Frau, erzählt jedoch eine ganz
andere Geschichte als die Titelnovelle. Während sich
die vertraute Lebenspartnerin in „Das Haus in der Dorotheenstraße" ihrem Mann im Verlauf mehrerer Monate
langsam entzieht, ist es in „Die Ewigkeit des Augenblicks" der plötzliche Tod der Ehefrau, welcher den Protagonisten ganz unvermittelt in einem fortwährenden
„Gefühl der Fassungslosigkeit" (19) verharren lässt. Berichtet der Erzähler hier von den tiefgreifenden Folgen,
die das abrupte Ableben der geliebten Frau für das Wei-
terleben des Mannes hat, so richtet sich der Blick in
„Das Haus in der Dorotheenstraße" vor allem auf die ver-

Im Gegensatz zu
„Das Haus in der
Dorotheenstraße"
erzählt „Die Ewig-
keit des Augen-
blicks" nicht von
Untreue, sondern
vom Unglück
eines Todes

Der plötzliche Tod seiner geliebten Frau konfrontiert den Witwer mit Grundfragen der menschlichen Existenz

borgenen Ursachen für die zunehmende wechselseitige Entfremdung zweier Menschen.

In „Die Ewigkeit des Augenblicks" lernt der Leser / die Leserin den Berliner Taxichauffeur Michael Denninghoff kennen, der bis zum Tod seiner Frau Kathrin, einer Angestellten in einer Boutique für Modeschmuck und Accessoires (vgl. 21), den Beruf eines Architekten ausübte (vgl. 16). Im Anschluss an die Tragödie hatte er nicht nur seine anspruchsvolle berufliche Tätigkeit aufgegeben, sondern auch die Wohnung, die er mit seiner Frau in der Pfalzburger Straße 7 in Berlin bewohnte.

Ein Gemälde löst die Frage nach der Vergänglichkeit des Lebens und der Fortdauer des Vergangenen in Gegenwart und Zukunft aus

Aus Reue darüber, dass er nahezu das gesamte Mobiliar „einer Firma, die sich um Nachlässe kümmert[e]" (24), übergeben hat, macht er sich nun, Monate später, auf die Suche nach einer Reproduktion des Gemäldes „Rue de Paris, temps de pluie" („Straße in Paris an einem regnerischen Tag", 1877) von Gustave Caillebotte. Das Bild hatten seine Frau und er beim Besuch einer Werkschau des französischen Impressionisten (1848–1894) im Pariser Grand Palais (die tatsächlich 1994/95 stattfand) in einem Museumsshop erworben und am Tag vor Kathrins Tod mit Reißnägeln im Wohnzimmer aufgehängt. Es zeigt eine alltägliche Straßenszene, aus der ein Ehepaar hervortritt (siehe Lektürehilfe S. 11). Doch die Hoffnung, dass der Druck noch bei der Firma lagert, die den Nachlass übernommen hat, bleibt ebenso vergeblich wie diejenige, ihn in der ehemaligen Wohnung bei dem jetzigen Mieter Dr. Biederstein zu finden.

Gustave Caillebotte, „Straße in Paris an einem regnerischen Tag" (1877),
The Art Institute of Chicago

Schon der Titel der Novelle weist darauf hin, dass die
geradezu zwanghaften Nachforschungen von Michael
Dennninghoff nach dem Verbleib der Kopie ihren Grund
in einer außerordentlichen persönlichen Beziehung zu
dem Bild haben. Bei der Betrachtung des Paares im Vordergrund des Gemäldes nämlich hatte Kathrin von der
Wirklichkeit einer „Ewigkeit des Augenblicks" (32) gesprochen. Während dieser paradoxen Äußerung waren
die beiden Museumsbesucher

Ein Kunstwerk
als Fetisch
der Erinnerung

> „einander sehr nahe gewesen. Denninghoff hatte Kathrin um
> die Schultern gefasst, und zuletzt sahen sie auf die Leinwand
> mit dem verregneten Paris und schwiegen." (Ebd.)

Der fahrlässige und daher für ihn „unverzeihlich[e]" (35)
Verlust der Kopie eines weltbekannten Kunstwerks, dessen Anblick ihn an den intimen Moment eines grenzen-
losen Glücks in Paris erinnert, lässt den Protagonisten
verzweifeln, denn er hat nun, wie er glaubt, „nichts
mehr, woran" er sich „halten könnte" (ebd.).

Das Bild als Trug-
bild: Denninghoff
erkennt die
Vergeblichkeit
der Hoffnung, in
einem Kunstwerk
das vergangene
Glück lebendig
halten zu können

Obwohl er zugleich „sehr wohl" spürt, „wie sinnlos es
war, sich an dem, was vergangen war, derart hartnäckig
festzuhalten", verfällt er dem „Sog" (ebd.) der rastlosen
und einsamen Weitersuche nach einem an sich banalen

und zudem beschädigten Gegenstand, der für ihn alles bedeutet. Caillebottes Meisterwerk wird für Michael Denninghoff zum Inbegriff der Vergegenwärtigung eines vergangenen Liebesglücks und zum Fixpunkt seiner Sehnsucht nach der Wiederkehr eines Gefühls der Euphorie. Doch erfährt er stattdessen bloß die Leere der voranschreitenden Zeit.

Der Obsession eines Stillstands der Zeit und einer Verewigung des aller Wirklichkeit enthobenen Glückszustandes setzt der Rechtsanwalt Dr. Biederstein die nüchterne Feststellung entgegen, dass angesichts der hohen Scheidungsraten auch die Ehe von Michael und Kathrin Denninghoff vielleicht gescheitert wäre, wenn die Ehefrau des Architekten weitergelebt hätte (vgl. 39). Dass der Protagonist der Novelle diese realistische und zugleich hoffnungslose Sicht auf die imaginäre Zukunft seines Ehelebens nicht gelten lassen will, erweist sich darin, dass er der „kalte[n] abweisende[n] Gleichgültigkeit" (42) der Natur die Freiheit des Todes entgegenstellt: „,Hier', dachte er, ,treiben wir von Ort zu Ort, von Gelegenheit zu Gelegenheit. Kathrin hingegen ist wirklich frei. Sie ist jetzt überall und nirgends.'" (43)

„Der Bürgermeister von Teltow"

Vom falschen zum kranken Leben

- Der Protagonist Andreas Schmittke engagiert sich erfolgreich in der Kommunalpolitik, vernachlässigt deswegen aber auch seine Familie (Ehefrau und zwei Kinder).
- Zum Zeitpunkt der Handlung fühlt er sich überall von Krähen verfolgt, die nur in seiner Einbildung existieren.
- In seiner wachsenden Panik verrichtet er irrationale und groteske Handlungen, um die inneren Schreckensbilder loszuwerden.
- Dieses bizarre Verhalten löst bei den Menschen ringsum Sorge und Unverständnis aus.
- Am Schluss der Geschichte zeigt sich Schmittke entsetzt, als ihm bewusst wird, dass er möglicherweise wahnsinnig ist.

Das Gespenst der Allgegenwart von Schicksal und Tod beherrscht auch Andreas Schmittke, den Bürgermeister von Teltow. Als „freundliche[r], immer noch jugendlich wirkende[r] Mann" mittleren Alters ist er „für die Belange der Teltower Bürger unermüdlich unterwegs" (48). Der Erzähler weist zugleich ausdrücklich darauf hin, dass das Familienleben unter dem hohen beruflichen Einsatz leidet; den Umstand, dass er zum Beispiel nur selten mit seiner Frau und seinen beiden Töchtern in Urlaub fährt, begründet Schmittke damit, „dass dies der Preis für seine Karriere" und er „gezwungen" sei, „sich ganz und gar und in aller Öffentlichkeit seinen Aufgaben zu widmen" (49).

Gegensatz von innerer Unordnung und scheinbarer äußerer Ordnung eines Lebens in Familie und Gesellschaft

Das Glück einer erfolgreichen politischen Tätigkeit wird allerdings durch das zunehmende Gefühl bestimmt,

> „als säße ihm wieder jemand im Rücken. Es war ein in sich geduckter, überaus schmaler Schatten, und Andreas Schmittke weigerte sich, in den Rückspiegel zu sehen, um zu überprüfen, ob es eine Krähe war." (51)

Immer mehr steigert er sich in die Furcht vor der Verfolgung durch eine Krähe so sehr hinein, dass er grotesk wirkende Maßnahmen ergreift, um der Bedrohung zu entgehen: Mit dem Foto einer Krähe auf den Knien fährt er beispielsweise immer wieder an der Berliner Knesebeckbrücke vorbei, an welcher er die Anwesenheit des Vogels im Inneren seines Wagens zu spüren glaubt. Anstatt mit dem eigenen Auto fährt er schließlich im Taxi zum Rathaus. Bald darauf beginnt er seine Pflichten als Bürgermeister zu vernachlässigen und fährt während der Dienstzeit „ziellos durch die Gegend" (62). Er untersucht die Unterseite der Sitzpolster im Auto und verriegelt während der Fahrten die Türen, um das Eindringen fremder Lebewesen zu verhindern. Obwohl er sich für seine „skurrilen Bemühungen" (63) schämt, setzt er seine ergebnislosen Nachforschungen fort, indem er den imaginären schwarzen Vogel durch abrupte Bremsmanöver gegen die innere Windschutzscheibe zu katapultieren versucht.

Neurotisches Verhalten

Die häufigen unbegründeten Abwesenheiten versetzen seine Frau in Sorge und seine Mitarbeiter in Erstaunen, so auch den Pförtner des Rathauses, den Schmittke nach Dienstschluss telefonisch um Hilfe bittet. Er soll eine Krähe aus dem Büro des Vorgesetzten vertreiben. Bei seinem Eintreffen weist der Bürgermeister auf eine Stel-

Die Katastophe: Verlust von Sinn und Verstand

le hin, an der er eine Krähe hocken sieht. Der Pförtner jedoch kann an der bezeichneten Stelle nichts erkennen. Damit wird deutlich, dass die Krähe ein Fantasieprodukt von Andreas Schmittke ist, der offenbar paranoide Vorstellungen von einer Gefahr hat, die objektiv nicht besteht.

„Die Cellistin"

KURZINFO

Fiktion einer glückhaften Begegnung mit der genialen Musikerin Jacqueline du Pré

- Der Ich-Erzähler vernimmt an einem abgelegenen Ort im Umland von Berlin eine bekannte Melodie und entdeckt auf einem Felsen die Cellistin, welche die sehr traurige Musik gerade spielt.
- Zu Hause bestätigt sich seine Ahnung: Das äußere Erscheinungsbild der jungen Frau ist identisch mit dem Aussehen der weltberühmten Cellistin Jacqueline du Pré, die von 1945 bis 1987 lebte.
- In der Annahme, dass er auf keinen Fall die schon seit vielen Jahren tote Frau persönlich gesehen und auch nicht ihr Cello-Spiel unmittelbar gehört haben kann, ersetzt der namenlose Ich-Erzähler die Live-Musik durch das Abspielen einer CD mit einer Aufnahme von Edward Elgars Cellokonzert op. 85.
- Als die feierliche Musik erklingt, erblickt der Ich-Erzähler erneut die Cellistin und nähert sich ihr.
- Beim Anblick ihres von einer langen, tödlichen Nervenerkrankung gezeichneten Gesichts preist er die Unsterblichkeit ihrer Musik.

Vermischung von Realität und Fiktion

„Die Cellistin" ist die kürzeste Geschichte innerhalb der Novellensammlung *Das Haus in der Dorotheenstraße*. Sie nimmt zwar nicht namentlich, aber doch unmissverständlich Bezug auf die weltberühmte britische Musikerin Jacqueline du Pré (1945–1987), die im Alter von 42 Jahren an den Folgen einer Multiplen Sklerose, einer unheilbaren chronisch-entzündlichen Erkrankung des zentralen Nervensystems, starb.

Eine Traumgeschichte

Der Ich-Erzähler hört am „nördlichen Ufer des Griebnitzsees […] nach Einbruch der Dunkelheit […] eine Paraphrase aus dem Opus 85 von Elgar", möglicherweise aber auch „das berühmte *Silent Woods* von Antonin Dvořák" (97). Bei der Suche nach der Quelle der Musik entdeckt er „eine junge Frau, die auf einem Felsvorsprung" sitzt und deren Gesicht dem Erzähler „irgendwie bekannt vor[kommt]" (98). Bald darauf besteht für ihn „keinerlei Zweifel", dass es sich um „die berühmte englische Cellistin mit dem französischen Namen" handelt, die als „Fünfundzwanzigjährige etwas zu fürchten gehabt hatte, was ihrer Fähigkeit zur Virtuosität widersprach", nämlich „die Krankheit mit den hundert Gesichtern, die rasch zum Siechtum und schließlich zum Tode führt" (99). Der Erzähler kennt aus einer „Broschüre, die einer Kassette beigelegt war" (ebd.) den genaueren Verlauf der Krankheit bei Jacqueline du Pré, deren Symptome er relativ ausführlich wiedergibt:

> „Zunächst gab es da, wenn sie die Finger der linken Hand gegen die gespannten Saiten drückte, nichts weiter als ein Gefühl der Taubheit, und Tage später, es geschah auf einer Probe, spürte sie einen Widerstand, der sie daran hinderte, die Hände nach innen zu drehen." (99 f.)

Die Krankheitsgeschichte der genialen Cellospielerin Jacqueline du Pré

Das Bild einer jungen Frau, die auf einem Felsvorsprung sitzt und den Erzähler durch die Anmut ihrer Bewegungen und durch den Zauber ihrer Musik ‚bannt' (vgl. 98), erinnert zugleich an die Sagengestalt der Nixe Loreley. Der Legende nach soll sie von einem Rheinfelsen aus die auf dem Fluss fahrenden Schiffer mit ihrer verführerischen Gestalt und ihrem ebenso verlockenden Gesang so fasziniert haben, dass die Männer die Kontrolle über sich selbst verloren, nicht mehr auf den Kurs achteten und am Felsen zerschellten. Durch die Verknüpfung einer historischen Person und einer mystischen Sagengestalt sind in der Figur der Cellistin in der Novelle von Hartmut Lange Geschichte und Mythos miteinander verwoben.

Intertextuelle Bezüge zur mythischen Geschichte der Nixe Loreley

Der Grund für die zunehmende ‚Beunruhigung' (vgl. 99) des Erzählers besteht darin, dass die Frau, die er in einem „abwegig gelegene[n] Stück Havelland" auf einer „von Buchen umstandenen Anhöhe" musizieren hört und sieht, eine Tote ist. Dies veranlasst ihn, die Gegend eine Woche lang zu meiden (vgl. 101), bevor er sich in der Erwartung, die Unbekannte erneut anzutreffen, wieder dorthin begibt. Als jedoch das „Rendezvous mit einer Toten" (102) nicht stattzufinden scheint, verfällt der Ich-Erzähler nach eigenen Aussagen auf die Idee, inmitten der Natur selbst die Illusion einer überwältigenden Musik herzustellen:

Eine Gespenstergeschichte

15

Überhöhung der Wirklichkeit durch Illusionsbildungen

„Was unmöglich erscheint, kann man herbeizaubern.' Und: ‚Was wäre das für eine Welt, in der es nicht gelingt, die Wirklichkeit durch eine Täuschung aufzubessern', dachte ich und war schon dabei, einen CD-Player samt Lautsprecher aus meiner Aktentasche zu ziehen." (Ebd.)

Wunder der Technik

Der vermeintlich magische Akt erfolgt aber nicht spontan, sondern ist durch das Mitbringen eines CD-Players vorbereitet. Der Ich-Erzähler ersetzt mit technischen Mitteln den originalen Klang eines Live-Konzerts durch den künstlichen Sound aus einem Apparat. Indem er nun „die Aufnahme mit der berühmten Cellistin und dem Londoner Symphonieorchester" hört, scheint sich für ihn „die Landschaft zu verwandeln" (ebd.), bis sich schließlich die tote Cellistin weit entfernt „in der Nähe des Ufers" zeigt und von dort über die „Anhöhe bis zum Felsen" (103) hinaufsteigt, wo sie dem Erzähler gegenübertritt.

Realistisches Gegenbild zur romantischen Gestalt der verführerischen Loreley

Damit verkehrt sich die im Loreley-Mythos dargestellte überlegene Position der Frau gegenüber dem Mann in ihr Gegenteil: Die Frau gelangt von „weit, weit unten" nach oben, wo der Mann „mit viel zu schwachen und veralteten Geräten eine feierliche Stimmung zu verbreiten" (ebd.) sucht. Und im völligen Gegensatz zu der todbringenden Figur der Sirene, die, wie es in Heinrich Heines „Loreley"-Gedicht aus dem Jahre 1824 heißt, selbstverliebt ‚ihr goldenes Haar kämmt', erscheint die Cellistin bei der Begegnung des Erzählers mit ihr „unglücklich", und ihr Gesicht wirkt „gezeichnet" (ebd.). Den sichtbaren Spuren des Leidens in ihrem Gesicht setzt der Erzähler Worte der Bewunderung und der Aufmunterung entgegen:

„‚Sicher, Madam', sagte ich, ‚Sie hatten eine furchtbare Krankheit, und es war Ihnen nicht vergönnt, Ihre besten Jahre hinter sich zu bringen. Aber jetzt sind Sie', sagte ich […], ‚nicht nur über alle Maßen berühmt. Sie sind unsterblich. Und es ist die Kunst, Madam, […] es ist die Kunst, die es uns ermöglicht, die Grenze vom Leben zum Tode niederzureißen.'" (103 f.)

Die Novelle „Die Cellistin" schließt nach dem alptraumhaften Sturz des Ich-Erzählers vom Felsen „hinab in die Tiefe" (104) und dem damit verbundenen Abbruch der Wiedergabe des Cellokonzerts von der CD mit dem

Traum von einer „menschenfreundliche[n] Ewigkeit" (105), die durch die Musik gewährleistet wird. Der letzte Satz schließt damit an den Titel „Die Ewigkeit des Augenblicks" der ersten Novelle an, welche ebenfalls die Erlösung des Menschen von der Macht des Todes durch die Kunst thematisiert.

„Der Schatten"

Geschichte einer unglücklichen Frau

- Die weibliche Hauptperson Steffi Trautwein führt mit ihrem Mann Philipp eine langjährige Ehe, aus der eine inzwischen vierzehnjährige Tochter hervorgegangen ist.
- Hinter der Fassade einer bürgerlichen Kleinfamilie eröffnet sich den Lesern die brüchige Welt zweier Menschen, deren Zusammenleben in Formen der räumlichen Trennung und in Ritualen erstarrt ist.
- In Wirklichkeit verstricken sich beide in einem Geflecht aus Täuschung und Selbsttäuschung.
- Steffi hat über die Aufenthaltsorte und Tätigkeiten ihres Mannes, der als Wirtschaftsberater ständig unterwegs ist, keine verlässlichen Informationen.
- Obwohl sie damit konfrontiert ist, dass ihr Mann über seine beruflichen Termine und Aktivitäten ihr gegenüber falsche Angaben macht und Vereinbarungen nicht einhält, setzt sie ihre Versuche fort, den Schein eines intakten Familienlebens zu wahren.
- Aus Angst vor dem Verlust der vordergründig bestehenden Ordnung und Sicherheit gibt sie die eigene Würde preis, indem sie zulässt, dass die Gemeinschaft mit Philipp trotz der fehlenden Vertrauensbasis fortbesteht.

Äußere Harmonie des Familienlebens

Die letzte Novelle der Sammlung *Das Haus in der Dorotheenstraße* ist die einzige, in der die Hauptperson weiblich ist. Steffi Trautwein, Besitzerin eines Ladens für Papier- und Bürobedarf im Holländischen Viertel im Zentrum von Potsdam, lebt mit ihrem Mann Philipp und ihrer vierzehnjährigen Tochter Laura in Hohengatow im Süden des Berliner Bezirks Spandau (vgl. 110). Obwohl das Paar bereits „seit langem" verheiratet und in seinem „Alltag […] eine gewisse Routine eingetreten" (ebd.) ist, scheinen „die Trautweins […] eine glückliche Familie" (111) zu sein.

Innere Brüchigkeit der Ehe

Dass die Idylle in Wirklichkeit brüchig ist, ergibt sich allerding schon zu Beginn der Novelle aus vereinzelten, mehr oder weniger diskreten Hinweisen auf Risse innerhalb der Ehegemeinschaft. Dazu gehört nicht nur der Hinweis, dass von der ursprünglichen „Leidenschaft, die sie zusammengeführt und jahrelang aneinandergekettet hatte, […] eine stille, ganz und gar selbstverständliche Zuneigung geblieben" (110 f.) ist, in deren Mittelpunkt die Sorge für das einzige Kind steht. Vielmehr verstärken gerade auch die wiederholten Hinweise darauf, dass „der Vater mitunter tagelang weg[bleibt]" (111), den Eindruck von der bloßen Illusion eines Glücks:

Häufige Abwesenheit des Ehemanns und Vaters

> „Wenn Philipp Trautwein spät nach Hause kam und sich in das kleine Zimmer zurückgezogen hatte und wenn seine Frau gezwungen war, am nächsten Morgen, während ihr Mann noch schlief, nach Potsdam zu fahren, dann konnte es vorkommen, dass sich die beiden mehrere Tage nicht begegneten. Trautwein war am Nachmittag wieder unterwegs […]." (110)

Als „Hotelberater" (109) bereist er „mit einem Mercedes" (114) ständig größere Städte, aber auch abgelegene Gegenden (vgl. 110), wo er „Fragen des Managements" klären und „Preiskalkulationen überprüfen und aufbessern" (113) hilft. Die unregelmäßigen Arbeitszeiten und die ständigen Aufenthalte des Mannes fernab des eigenen Domizils haben das Ehepaar irgendwann und irgendwie (vgl. 109) dazu veranlasst, eine räumliche Trennung zu organisieren, die bewirkt, dass Philipp im Falle seiner spätabendlichen oder nächtlichen Heimkehr über einen Hintereingang zu einem eigenen Zimmer gelangt, so dass er seine Frau nicht im Schlaf stört.

Innerhäusliche Trennung der Schlafbereiche

Anspielung auf die Redewendung „sich eine Hintertür offenhalten", d.h. sich weitere Möglichkeiten offenhalten

Unter dem zunehmend spürbaren Druck dieser unnatürlich anmutenden Lebensweise schlägt Steffi Trautwein ihrem Ehemann „an einem Dienstag" (118) vor, dass er ab sofort bei seiner Ankunft „im Krielower Weg […] im Nordosten Hohengatows" (115) nicht mehr über den Hintereingang, sondern über den „vorderen Eingang" (119) das Haus betritt. Außerdem soll er gewährleisten, dass sein Handy während der Fahrten ständig angestellt und er somit problemlos erreichbar ist (vgl. 118 f.).

Dringender Wunsch der Ehefrau nach einer Änderung der Lebensgewohnheiten

Verdacht der Unehrlichkeit

Der unmittelbare Anlass für diese Forderungen seiner Frau ist, dass diese zu einem Zeitpunkt, als sie glaubt, dass er „seit zwei Tagen auf Rügen" (113) sei, von einer Bekannten angesprochen wird, die behauptet, „sie hätte Philipp am Tag zuvor auf dem Luisenplatz gesehen" (ebd.). Der Erzähler spricht mit keinem Wort die Gedanken und Gefühle an, die Steffi Trautwein im Anschluss an diese widersprüchlichen Informationen hinsichtlich des aktuellen Aufenthaltsortes ihres Mannes beschäftigen. Doch schränkt er selbst die bisherigen Gewissheiten durch Fragen („Und Philipp Trautwein?") und lediglich spekulative Antworten („Vielleicht war er dabei, das zu tun, was er sich vorgenommen hatte […]", ebd.) ein, bevor er eine grundsätzliche Aussage zur beruflichen Tätigkeit des Wirtschaftsberaters trifft:

Unwissenheit des auktorialen Erzählers

> „Zugegeben, womit genau Philipp Trautwein auf den Reisen, die er unternahm, beschäftigt war, konnte niemand mit Sicherheit sagen […]." (114)

Ein zweiter Anlass dafür, dass die Protagonistin ihrem Mann zwei Selbstverpflichtungen auferlegt, besteht darin, dass sie in dem Glauben, ihr Mann sei von der Arbeit zurückgekommen, ihre Tochter um Mitternacht aus dem Schlaf holt:

> „Sie nötigte die Vierzehnjährige, aufzustehen und in das kleine Zimmer zu gehen, um dem Vater zu sagen, Mutter und Tochter würden im Wohnzimmer auf ihn warten." (116)

Während Steffi Trautwein zu nächtlicher Stunde ein Abendessen für die kleine Familie bereitstellt, erfährt sie von Laura, dass sie einem Irrtum erlegen sei, denn der Vater ist „überhaupt nicht da!" (Ebd.) Die schockierende Erfahrung, dass sie ihren Mann gleichsam nur als ein Gespenst wahrgenommen hat, welches „gegen Mitternacht" wie „ein flüchtiger Schatten" (ebd.) erscheint, lässt sie ungläubig reagieren:

Der Ehemann als Phantom

> „Unsinn!', rief Steffi, schob die Tochter zur Seite, um über den Korridor hinweg in das kleine Zimmer zu gelangen. Aber da war tatsächlich nur das leergeräumte Sofa, und das Plumeau, das Trautwein benutzte, war, wie seit Tagen schon, in der Truhe verstaut. Sie sah weder seinen Hut noch den Mantel, auch nicht die Aktentasche. Sie trat hinaus, dorthin, wo die Treppe an der Hauswand entlang auf den Kiesweg führte, und wo sie, dies hätte sie beschwören können, vor kurzem den Schatten bemerkt hatte." (116 f.)

Trugbild des anwesenden Ehemannes

**Falsche Absichts-
erklärungen**

Auf die dringende Bitte seiner Frau um eine Änderung einzelner Gewohnheiten auch um der Tochter willen reagiert Philipp Trautwein „betroffen" und scheint „darüber nachzudenken" (119). Er ändert auch unmittelbar darauf sein Verhalten, indem er sich am nächsten Morgen Zeit nimmt und erklärt, seine Frau am Nachmittag in deren Papeterie in Potsdam besuchen zu wollen, wohin er offenbar schon seit längerer Zeit nicht mehr gekommen ist (vgl. 120). Entgegen dieser Zusage hält er

**Täuschungs-
manöver**

die Verabredung jedoch nicht ein, sondern teilt seiner Frau in einem Telefonat mit, dass er, da ihm „etwas dazwischengekommen" (120) sei, erst am späten Abend zurückkehren werde. Als sie ihn dann zu fortgeschrittener Stunde wahrzunehmen glaubt, stellt sich heraus, dass sie wieder einmal einem Irrtum erlegen und Philipps „Zimmer […] vollkommen leer" (122) ist.

**Ehefrau und
Tochter forschen
nach dem Ver-
bleib von Philipp
Trautwein**

**Aus Sorge um
die Tochter wahrt
die Mutter den
Schein einer
intakten Familie**

Als ihr Mann auch am nächsten Morgen noch nicht zu Hause ist, beginnt Steffi Trautwein mit ersten Nachforschungen, um herauszufinden, ob er überhaupt ihr gegenüber die Wahrheit sagt. Doch schon sehr bald bricht sie ihre Erkundigungen ab, als sie feststellt, dass auch ihre Tochter Laura, die eigentlich in der Schule sein müsste, in den Straßen von Potsdam zu sehen ist. Aus Rücksicht auf das Kind, das offenbar ebenfalls beunruhigt nach dem Vater sucht, nimmt sie ihre Tätigkeit in ihrem Geschäft wieder auf, um den Anschein zu erwecken, als führe sie ihr Leben normal weiter. Auch auf den Anruf, in dem Philipp so tut, als ob sein sehr langes und unerklärtes Fernbleiben „die selbstverständlichste Sache von der Welt" (124) wäre, reagiert sie nach dessen später Ankunft im gemeinsamen Haus nur mit Lächeln und belanglosen Gesprächen. Nachdem der Vater sich schlafen gelegt hat, ohne sich über die Gründe für seine mehr als vierundzwanzigstündige Abwesenheit zu äußern, beruhigt die Mutter ihre augenscheinlich besorgte Tochter mit den Worten: „Es ist alles sehr gut so. Und am besten, wir lassen den Vater in Ruhe schlafen." (125)

**Versagen der Ehe-
frau und Mutter**

Die Novelle lässt in der Schlussszene erkennen, dass die Protagonistin nicht bereit oder nicht in der Lage ist, aus dem Doppelleben ihres Mannes persönliche Konsequenzen zu ziehen. Anstatt eine Entscheidung herbeizuführen, setzt sie ihr Leben mit der gewohnten Passivität fort, indem sie die Zumutungen ihrer Ehe fraglos hinnimmt:

> „Sie wartete. Offenbar darauf, dass die Dämmerung zunahm und der Schatten wieder auftauchte. Ihn hielt sie für unverzichtbar. Und da dies so war, hatte sich Steffi, egal, ob Trautwein das kleine Zimmer betreten würde oder nicht, längst entschieden." (Ebd.)

Ein wesentliches Detail irritiert bei der Lektüre dieser drei Schlusssätze. Während die Ehefrau bei ihrem Vornamen genannt wird, ist von ihrem Ehemann nur in der Form des Nachnamens die Rede. Damit kommt nicht nur eine Distanz gegenüber seiner Person zum Ausdruck, sondern auch eine Verkehrung der in dem Namen Trautwein angelegten Eigenschaften. Philipp ist nämlich das Gegenteil eines Vertrauten. Zugleich jedoch repräsentiert er das Vertraute, an das Steffi sich so sehr gewöhnt hat, dass sie die vordergründig harmonische Lebensbahn, die sie mit ihrem Mann verbindet, nicht mehr verlassen will. Insbesondere die Sorge um das Wohlergehen ihrer Tochter Laura hindert sie daran, einen schweren Konflikt mit ihrem Mann zu riskieren und damit die Sicherheiten ihres bürgerlichen Lebens zu zerstören. Steffi führt im Grunde ein resignatives und ängstliches Dasein, indem sie sich selbst entmündigt, um einer Konfrontation mit der Realität aus dem Weg zu gehen.

Konfliktscheu, fehlgeleitetes Harmonie- und Sicherheitsbedürfnis, Verdrängung der Wahrheit

② Analyse und Interpretation

„Das Haus in der Dorotheenstraße"

Orte der Handlung

Raumdarstellungen als Sinnbilder innerseelischer und zwischenmenschlicher Vorgänge

- Handlungsorte sind die alte, abgelegene Ortschaft Kohlhasenbrück, die zum Berliner Ortsteil Wannsee gehört, sowie die Metropole London.
- Beide Schauplätze sind erkennbare Abbilder realer Orte.
- Während Kohlhasenbrück als Wohnort des Ehepaares Klausen nur im ersten Kapitel und im zweiten Teil des letzten Kapitels Ort der Handlung ist, bildet die britische Hauptstadt als Arbeitsplatz von Gottfried Klausen das räumliche Zentrum der Kapitel 2–6 (erster Teil).
- Diese räumliche Struktur lässt Kohlhasenbrück wie eine Klammer erscheinen, welche die Ereignisse in London umrahmt.
- Dem Kontrast von Rahmen- und Binnenhandlung entspricht der Gegensatz von dörflichem und urbanem Milieu, von bestimmter Topografie und topographischer Unbestimmtheit.
- Auf der innerseelischen Ebene entspricht diese Gegenüberstellung derjenigen von Heimat und Fremde, von Zweisamkeit und Einsamkeit, von Glück und Unglück.
- Der Titel „Das Haus in der Dorotheenstraße" signalisiert die spezifische Bedeutung, die dem Wohnhaus zukommt: als Ort des weiteren Zusammenlebens des Ehepaares sowie als Fixpunkt für die Gefühle und Gedanken des Mannes während seines London-Aufenthalts.
- Während das Gebäude im ersten Kapitel von außen beschrieben wird, vergegenwärtigt der auktoriale Erzähler im letzten Kapitel dessen innere räumliche Struktur.
- Räume und Orte fungieren als Metaphern innerseelischer Zustände: ein ‚schmuckloser' Kanal am Übergang von der Stadt zum Land, eine abgelegene Villa mit verwildertem Garten, eine verregnete City im Ausland, ein Schlafzimmer in der Nacht, ein unübersichtlicher Flughafen, ein ferner Vulkan – sie alle sind je nach ihrem Standort innerhalb der Handlung Bilder für individuelle Situationen, Befindlichkeiten, Wahrnehmungen usw.

Haus und Wohnung als Sinnbilder der Befindlichkeit des Menschen

Folgt man dem Titel der Novelle, so ist das „Haus in der Dorotheenstraße" der zentrale Ort der Handlung, auch wenn diese sich vor allem auf das Leben des Protagonisten in der „Stadt an der Themse" (76) konzentriert. Für die Zeit seiner Auslandsvertretung hat man ihm dort „eine Zweizimmerwohnung zugewiesen" (ebd.), die er, obwohl er sie wegen ihrer Enge gegen „ein größeres Apartment" (ebd.) tauschen möchte, auch zum Zeitpunkt seiner überstürzten Abreise aus London noch bewohnt.

Die Berliner Adresse hingegen bleibt auch während der beruflichen Tätigkeit in England der eigentliche Fluchtpunkt seiner Gedanken und Gefühle. Dies hängt ganz offensichtlich damit zusammen, dass seine Frau und er vor seiner Abreise nach London „mit dem Haus in der Dorotheenstraße etwas gefunden [hatten], das ihnen das Gefühl von Geborgenheit gab, so dass sie überlegten, ob es nicht vernünftig wäre, das Grundstück zu erwerben" (73 f.).

Das Haus als Arrangement für den Alltag zu zweit

Bei dem geplanten Kaufobjekt handelt es sich um eine Villa, deren Lage zu Beginn der Novelle präzise verortet wird. In einer perspektivischen Verengung, die dem filmtechnischen Verfahren einer Kamerafahrt gleicht, erhält der Leser im ersten Satz der Novelle zunächst topographische Informationen über den Teltowkanal, der „im Süden Berlins gute siebenunddreißig Kilometer von der Havel bis zur Spree" (73) verläuft. Ganz im Sinne der realen örtlichen Gegebenheiten heißt es von ihm, dass er „in östlicher Richtung die Ödnisse des Flachlands überwinden muss", während er sich im Westen „den Verwerfungen der Havelberge nähert" und schließlich „in den Griebnitzsee mündet" (ebd.). Die nahe der Mündung über den Teltowkanal führende Nathanbrücke ermöglicht nicht nur einen Ausblick auf „das überwucherte Kremnitzufer" (74) auf der südwärts gelegenen Seite des Kanals, sondern auch einen Blick auf „jenes Haus" (93), dem „sich Klausen über Jahre hinweg und mit wachsender Zuneigung verbunden fühlte" (92).

Zoom als erzählerische Annäherung an den abseits gelegenen Wohnort

Die Dorotheenstraße, welche dem Erzähler zufolge „direkt zu den Grundstücken am Kanalufer führt" (73), entspricht der namensgleichen Straße in Berlin-Wannsee, von der aus man, wie es heißt, zu der Ortschaft Kohlhasenbrück „nur mit einem Auto [...] oder mit dem Bus" gelangen kann, „der alle halbe Stunde über den Teltowkanal [fährt], um in einem enggehaltenen Halbkreis, der die Endstation bildete, zu wenden" (74). Am Ende der

Übereinstimmung von räumlicher Fiktion und räumlicher Realität

Geschichte wird man zusätzlich erfahren, dass es sich um den „Linienbus mit der Nummer 118" handelt, der in Kohlhasenbrück „auf holpriger Straße" (92) sein regelmäßiges Wendemanöver vollzieht.

Außenansicht des Gebäudes am Anfang der Novelle: das Innere bleibt verborgen

Analog zur offenbar wirklichkeitsgetreuen Darstellung der realen räumlichen und örtlichen Gegebenheiten im Umland der Dorotheenstraße in Kohlhasenbrück wird auch das fiktive Gebäude, das sich dort befinden soll, relativ genau beschrieben:

> „Der Garten war verwildert, und die Fassaden hätte man erneuern müssen. Wo der Putz breitflächig abgebröckelt war, zeigten sich hässliche Ziegel, aber die Vorderfront, eine gewölbte Wand mit langgestreckten Fenstern, wirkte auf moderne Weise elegant […]." (74)

Innenansicht am Ende der Novelle

Der äußeren Beschreibung der alten Villa zu Beginn der Novelle folgt in deren Schlussteil die der Innenräume. Demnach liegen „im oberen Stockwerk das Schlafzimmer, zwei kleinere Räume und ein Bad" sowie „im Erdgeschoss die Küche, daneben das Wohnzimmer mit dem Kamin" (93).

Unlust und Widerwillen in London

Während das Berliner Domizil trotz der Zeichen äußeren Verfalls und trotz der konventionellen Funktionalität der inneren Raumstruktur ein Sehnsuchtsort für Gottfried Klausen bleibt, sind die Stadt London und die dortige Wohnung Orte des ständigen Unbehagens. Die zunehmende „Unzufriedenheit" (76) des Korrespondenten wird dabei nur äußerlich durch das Leben in einer „enge[n] Wohnung" (ebd.) und durch das nasskalte Märzwetter verursacht. Der eigentliche Grund dafür, dass er London schon nach kurzer Zeit des Aufenthaltes „so schnell wie möglich […] verlassen" (91) will, ist die wachsende Selbstentfremdung, der er durch die Ungewissheit über das ‚Treiben' seiner Ehefrau im heimischen Berlin ausgesetzt ist. Zwar kann er sich tagsüber in der Großstadt durch die „übliche Routine" (77) seiner Arbeit, durch wiederholte Aufenthalte auf einer Themsebrücke und durch regelmäßige Restaurantbesuche der tiefen persönlichen Verunsicherung vorübergehend entziehen; doch beim nächtlichen Erwachen in seiner Wohnung packt ihn umso mehr das Gefühl der Ort- und Zeitlosigkeit, wenn er „sich plötzlich mit einem Seufzer aufrichtet und, mit beiden Händen Halt suchend, auf der Bettkante zu sitzen kommt" und sich in einem Zustand der Orientierungslosigkeit befindet: „‚Wo bin ich', dachte Gottfried Klausen, und ‚Wie spät ist es', und: ‚Warum ruft Xenia nicht an.'" (79)

Der auktoriale Erzähler setzt dieses Bewusstsein des Unvertrauten im Vertrauten in Beziehung zur „Stimmung", die in einem Zimmer „um einen Schlafenden entsteht":

> „Es ist so etwas wie Fremdheit, und doch bleibt alles, wie es war: Da sind die Möbel, die, nachdem die Nachttischlampe nicht mehr brennt, ihre Schatten werfen, da ist das unverhangene Fenster, durch das genügend Licht fällt, um auch den kahlen Wänden ringsherum Konturen zu geben, und hinter dem Fenster beginnt das grenzenlose Draußen, das, da niemand es mehr wahrnimmt, wie unerlöst, wie beziehungslos, wie eine Welt ohne Gegenüber wirkt, und selbst der Mond, der über den Dächern der Stadt aufsteigt, kann seine Schönheit nicht zur Geltung bringen." (78 f.)

Kosmische Einsamkeit

Der Eindruck, dass „sich zwei Welten, die zusammengehören, für Augenblicke nicht mehr berühren" (78), wiederholt sich für Gottfried Klausen am Abend vor seiner beabsichtigten Abreise nach Berlin, diesmal allerdings nicht erst zu fortgeschrittener Nachtzeit, sondern schon vor dem Schlafengehen:

Beziehungslosigkeit der Dinge

> „Er trank noch ein Glas Whiskey, ging ins Bad, schloss die Fenster, weil es von draußen her roch. Als er ins Schlafzimmer ging, hier waren die Fenster, die er öffnete, wesentlich größer, ja hier spürte er so etwas wie Brandgeruch. Es war, wie ihm schien, nichts Gefährliches, nichts, das aus unmittelbarer Nachbarschaft kam. Die Sicht auf die Dächer war frei, auch der Horizont zeigte keinerlei Eintrübung, und doch beschloss Gottfried Klausen, alles wieder zu verriegeln, was ihm schwerfiel, weil er es gewohnt war, bei offenem Fenster zu schlafen." (84 f.)

Anzeichen einer Bedrohung und instinktive Gefahrenabwehr

Der aufdringliche Geruch stammt vom heftigen „Ausbruch des Grimsvötn" (87), einem Vulkan im Südosten von Island. Trotz der großen Distanz von 1750 km Luftlinie bis zu der britischen Hauptstadt wurden dort und im Norden Europas Hunderte von Flügen wegen der aufziehenden Aschewolke verlegt oder gestrichen. Musste Gottfried Klausen wegen dieser Sicherheitsmaßnahme noch den Besuch bei seiner Frau in Berlin absagen, so

Vulkanausbruch als Kontrapunkt zum Haus in der Dorotheenstraße

25

verlässt er London bei seiner endgültigen Abreise mit der erklärten Absicht, „erst einmal nach Island zu fahren, um den Grimsvötn [...] in Augenschein zu nehmen" und über die Folgen der Eruption „eine Reportage zu schreiben." (92)

Stillstand des Flugbetriebs in London: Unterbrechung der Verbindung zur Außenwelt

Zweimal berichtet die Novelle ausdrücklich von einem Aufenthalt des Protagonisten auf dem Londoner Flughafen Heathrow. Dieser Ort mit seinen „breiten Hallen, die kein Ende zu nehmen scheinen", sei, so meint der Erzähler, „an Unübersichtlichkeit nicht zu übertreffen" (81). Der Flughafen als Übergangsraum der Reise vom Hier zum Dort vermittelt den Eindruck eines Labyrinths, das auch ein weiterer bildhafter Ausdruck für die innere Destabilisierung des Protagonisten ist.

Brücken als Übergänge an natürlichen Grenzen und als Verbindung zwischen zwei Punkten

Auch das Motiv der Brücke bezeichnet im übertragenen Sinn einen Zustand zwischen zwei verschiedenen Lebensbereichen. So ist die Nathanbrücke, die in Berlin-Wannsee den Forst Düppel mit Kohlhasenbrück verbindet und Teil des sogenannten Berliner Mauerwegs ist, für Gottfried Klausen ein beliebter Aufenthaltsort (vgl. 83). Von dort hat er einen Ausblick auf „das überwucherte Kremnitzufer" (74) und bei günstigen Sichtverhältnissen auf das Haus in der Dorotheenstraße (vgl. 93). Auch in London begibt er sich immer wieder auf eine namentlich nicht benannte „Brücke an der Themse" (77), wo er offenbar gerne seinen Gedanken nachhängt.

Zeit der Handlung

KURZINFO

Unspezifische Zeitangaben im Umfeld eines historischen Naturereignisses
- Die Handlung folgt einer nur vage datierbaren Chronologie von Geschehnissen vor und nach dem Ausbruch des isländischen Vulkans Grimsvötn am 21. Mai 2011.
- Der Text enthält zahlreiche unbestimmte Temporaladverbien.
- Im Vergleich zu den genauen Raum- und Ortsangaben erscheint die Zeitdimension von nachrangiger Bedeutung.

Außer dem Hinweis auf ein historisches Ereignis weist die Novelle keine Anhaltspunkte für eine konkrete Datierung der Handlung auf. Der Ausbruch des isländischen Vulkans Grimsvötn, der am Samstag, 21. Mai 2011 begann und am Mittwoch, 25. Mai 2011 endete, hatte durch die nach Süden driftende Aschewolke ab Dienstag, 24. Mai für wenige Tage den nord- und westeuropäischen Flugverkehr massiv beeinträchtigt. Es sind die Tage, in denen Gottfried Klausen der Fiktion zufolge am Londoner Flughafen Heathrow vergeblich auf den Abflug seiner Maschine nach Berlin wartet.

Folgt man den wenigen und vagen Zeitangaben, so hielt er sich zuvor etwa seit Mitte Februar 2011 ununterbrochen in der britischen Hauptstadt auf. Dort bewohnte er „sechs Wochen später […] immer noch die enge Wohnung", die er anfangs bezogen hatte, so dass er „Ende März" (76) noch kein größeres Domizil hatte. Eine indirekte Information über den Zeitpunkt, zu dem die Geschichte endet, liefert der Hinweis auf den Beginn der Kastanienblüte (vgl. 92), die regulär in den Frühlingsmonaten April und Mai stattfindet.

Die insgesamt ungefähr drei Monate, welche die Tätigkeit als Auslandskorrespondent in London umfassen dürfte, sind ansonsten unbestimmt, was den zeitlichen Ablauf betrifft. Temporaladverbien wie „Stunden später" (76), „[e]ines Tages" (77), „am nächsten Morgen" (80), „[w]enig später" (81), „[i]n den nächsten Wochen" (84) oder „[e]ine Weile noch" (91) lassen keinen Rückschluss auf die genaue Abfolge der Ereignisse zu. Dennoch werden diese in ihrem chronologischen Ablauf berichtet und konzentrieren sich weitestgehend auf die erzählte Gegenwart, in der sich das Ehedrama ereignet. Lediglich zu Beginn gibt es spärliche Angaben zur Vorvergangenheit („Die beiden kannten sich aus der gemeinsamen Schulzeit", 73), während am Ende der Geschichte auch die Zukunft durch eine rätselhafte Warnung vor einem möglichen Unheil in den Blick gerät:

> „Hin und wieder hörte man [im Haus] ein Frauenlachen, und wer da lachte, der sollte sich nicht allzu sicher fühlen. Denn es war durchaus denkbar, dass irgendwann, nicht am Tage, sondern nachts, doch noch ein Auto vorfuhr und dass sich jemand auf den Eingang zubewegte." (93)

Vage Zeitangaben

Zeitlich linearer Handlungsverlauf

27

Das Drama im Drama: *Othello*

Shakespeares Othello als Kontrast- und Identifikationsfigur

- Hartmut Lange beschäftigte sich schon in frühen Jahren mit Shakespeares *Othello*, begriff das Stück aber erst später als einen Konflikt von Vernunft und Leidenschaft.
- Die Tragödie vom Anfang des 17. Jahrhunderts handelt von den objektiv unberechtigten Zweifeln eines Mannes an der Treue seiner Frau. Unter dem Einfluss verleumderischer Intrigen ermordet der Feldherr Othello seine Frau Desdemona, ehe er sich nach Bekanntwerden von deren Unschuld selbst das Leben nimmt.
- Shakespeares Theaterstück thematisiert die mangelnde Bereitschaft des Menschen, der Stimme der Vernunft zu folgen, sowie seinen unkontrollierten Drang zur Zerstörung des vermeintlich Bedrohlichen.
- Der Vernunftmensch Gottfried Klausen erlebt den Besuch einer Aufführung von Shakespeares *Othello* als Provokation, weil er Othellos Unvernunft nicht nachvollziehen und daher auch nicht akzeptieren will.
- Aus Gründen, die mit der inzwischen vermuteten Untreue seiner Frau Xenia zusammenhängen dürften, besucht er eine weitere Aufführung des Theaterstücks, verlässt diese jedoch fluchtartig vor dem fünften Akt und damit vor dem Monolog, in dem Othello seine Tötungsabsicht mit den Worten „Put out the light" bekräftigt.
- Klausen hat Angst vor dem Verlust der Kontrolle über seine eigenen Gedanken, Gefühle und Handlungen, kann aber den Befehlssatz „Put out the light" nicht mehr aus seinem Bewusstsein verdrängen.
- Das Ende der Novelle suggeriert einen Racheakt Gottfried Klausens an seiner vermeintlich ehebrecherischen Frau, lässt den tatsächlichen Ausgang der Geschichte aber offen.

Intertext *Othello*

Gottfried Klausen besucht während seines Aufenthaltes in London „auf eine Empfehlung hin die berühmte Royal Shakespeare Company" (77), um dort eine Aufführung von *The Tragedy of Othello, the Moor of Venice* zu sehen. Das Theaterstück aus dem Jahre 1603 oder 1604 handelt gemäß den inhaltlichen Hinweisen innerhalb der Novelle von einem Mann, der vorgibt,

Inhaltliche Parallelen

> „seine Frau bedingungslos zu lieben und der sich trotzdem weigerte, die Untreue, die man ihr angedichtet hatte, auf vernünftige Weise zu hinterfragen.
> Stattdessen bringt er sie lieber um, obwohl sie ihm unter Tränen ihre Unschuld versichert […]." (78)

Zu einem Zeitpunkt, als auch Gottfried Klausen an der Treue seiner Ehefrau Xenia zu zweifeln beginnt, besucht er die Vorstellung erneut, verlässt den Theatersaal jedoch „spätestens gegen Ende des vierten Akts", weil er die Fiktion eines Mordes aus Eifersucht nur schwer erträgt. Die Fragen, die er sich in Verbindung mit William Shakespeares Tragödie stellt, machen deutlich, wie sehr ihm der Stoff die Tatsache eines persönlichen ‚Problems' vor Augen führt:

> „Ja, wollte er sich das, und zum zweiten Mal, wirklich anhören? Wollte er, nur weil er ein Problem mit seiner Frau hatte, der Ermordung einer Wehrlosen zusehen und vielleicht am Ende auch noch Beifall klatschen, weil es einem Schauspieler gelungen war, ein derart wahnsinniges Unterfangen so überzeugend darzustellen?" (88)

Die Stelle, die ihn bei dem Drama besonders aufwühlt, stammt aus der zweiten Szene im fünften Akt. Der venezianische Feldherr Othello, der aufgrund einer Intrige glauben muss, dass seine schöne und kluge Frau Desdemona ihn mit dem Offizier Cassio betrügt, erdrosselt sie im Ehebett. Dem Mord geht ein Monolog voraus, in dem Othello in Anwesenheit der schlafenden Desdemona die Unabänderlichkeit seiner Tötungsabsicht mit jenen Worten beschwört, die in der Novelle zitiert sind:

> *„It is the cause, it is the cause, my soul.*
> *Let me not name it to you, you chaste stars!*
> *It is the cause… Put out the light."* (88)

> [OTHELLO: Die Schuld erzwingt's, die Schuld erzwingt's, mein Herz. / Ich will sie euch nicht nennen, keusche Sterne! / Die Schuld erzwingt's. […] / Jetzt lösch das Licht […].
> (Shakespeare 2006, S. 237/239)]

Als Othello danach über seinen Irrtum aufgeklärt wird, ersticht er sich.

Wenn es in der Novelle heißt, dass Gottfried Klausen die zweite von ihm besuchte Aufführung vor dem Ende des vierten Aktes verlässt, so verweigert er sich hier der erneuten Gegenwart beim fünften Akt und damit auch Othellos Aufforderung, das Licht zu löschen, die sich sowohl auf eine brennende Kerze als auch das Lebenslicht Desdemonas beziehen lässt. Der Satz geht dem Auslandskorrespondenten „nicht mehr aus dem Kopf"; er verstört ihn so sehr, dass er nicht mehr in der Lage ist,

Innerer Aufruhr Gottfried Klausens wegen der Verbindung zwischen dem *Othello*-Stoff und seiner persönlichen Situation

Ermordung der unschuldigen Desdemona

Innerer Zwiespalt zwischen leidenschaftlicher Liebe und unwiderruflichem Hass

Fluchtartiges Verlassen des Theaters aus Angst vor den eigenen Gefühlen

29

in angemessener Weise mit seiner Umwelt zu kommunizieren:

Shakespeare-Tragödie als Offenlegung des Unbewussten

> „Er begann fahrig zu werden, stellte Fragen, die niemand beantworten konnte, oder gab Ratschläge, um die man ihn nicht gebeten hatte. Seiner Sekretärin diktierte er Texte, die er wieder zusammenstrich." (90)

Der Verlust des seelischen Gleichgewichts zeigt sich vor allem auch in einer Verkehrung seiner angestammten journalistischen Aufgaben in ihr Gegenteil. Er konzentriert sich nun nicht mehr auf den Bereich der Wirtschaft, der von hohem öffentlichen Interesse ist, sondern verliert sich in der Beschäftigung mit Sensationen, Stimmungen und Gefühlen:

Vernachlässigung der beruflichen Pflichten

> „Er begann, schlampig zu recherchieren, ging auf die privaten Affären irgendwelcher Abgeordneter ein, und zuletzt interessierte er sich, obwohl er für die Belange der City zuständig war, nur noch für den Stimmungswechsel, der sich auf den Londoner Straßen um diese Jahreszeit vollzog." (Ebd.)

Wenn die Aufforderung „Put out the light" wenig später ein drittes Mal auftaucht, so kündigt sie zugleich das imaginäre Ende der Geschichte an. Nachdem der Erzähler den Eindruck vermittelt hat, als ob Gottfried Klausen

Wird Gottfried Klausen zum Mörder?

„irgendwann" (93) zum Ausgangspunkt der Handlung zurückkehren würde, berichtet er davon, dass nach dem Ausruf die Lampen im Haus an der Dorotheenstraße erloschen seien. Da der Leser vielleicht nicht die Tragödie *Othello*, wohl aber deren Plot kennt, so darf er annehmen, dass mit dem Schlusssatz „Das Haus lag in völliger Dunkelheit" zugleich ein Mord gemeint sein könnte.

Helmut Langes Shakespeare-Rezeption

In seinem autobiographisch geprägten Text *Irrtum als Erkenntnis. Meine Realitätserfahrung als Schriftsteller* berichtet Hartmut Lange von „ganz vorzügliche[n] Literaturseminare[n]" (Lange 2002, S. 23), in denen während seines Studiums die Werke Shakespeares im marxistischen Sinn als Ausdruck der geschichtlichen und gesellschaftlichen Realität ihrer Zeit gedeutet wurden. Was den Studenten, so der Autor im Rückblick, neben dieser „in die Objektivität verschobene[n] Wahrheit vorenthalten wurde, war die durch nichts zu determinierende Subjektivität der Shakespeareschen Figuren" (ebd., S. 23 f.).

Lange illustriert dies just am Beispiel der Rezeption von *Othello* durch die herrschende Literaturwissenschaft in der ehemaligen DDR. Zugleich liefert er eine andere, nämlich psychologische Sicht auf die Tragödie, die in „Das Haus in der Dorotheenstraße" an zentralen Stellen zitiert wird, so dass damit ein Zugang zum Verständnis der Handlungsweise von Gottfried Klausen geschaffen wird:

> „Othellos Eifersucht [...] wurde als Resultat einer Intrige aus dem Geiste der beginnenden Warenwirtschaft gedeutet. Aber Shakespeare blickt tiefer. Othello liebt seine Desdemona eifersuchtslos. Er ist außerstande, sich über den Verdacht, den Jago ihm eingegeben hat, Klarheit zu verschaffen. Ja er wünscht die Unklarheit, da er nun seine Zuneigung, die schon als Normalität sein Gemüt übererregt, bis zur Selbstzerstörung genießen kann. Und hier beginnt der freie Fall.
> Das stolze, starke Individuum wählt eher den Tod als die Ernüchterung. Ihm ist die vom Verdacht gereinigte Leidenschaft keine Leidenschaft mehr. Othello erhält sich die Liebe zu Desdemona, indem er die behauptete Treulosigkeit hinzuaddiert und die dadurch entstandene Unvereinbarkeit zum Exzeß steigert." (Lange 2002, S. 24)

Othello: zerstörerische Verabsolutierung der Leidenschaft als Selbstzweck

Diese Deutung einer auf die Spitze getriebenen tödlichen Leidenschaft lässt sich nicht auf das Beziehungsdrama in „Das Haus in der Dorotheenstraße" übertragen. Vielmehr erweist sich die in der Novelle erzählte Geschichte als eine geradezu parodistische Verkehrung der menschlichen Tragödie Othellos in die banale Geschichte einer wechselseitigen Entfremdung. Anders als Desdemona scheint Xenia, die Ehefrau von Gottfried Klausen, ihren Mann tatsächlich zu betrügen. Ihr Mann hingegen zeigt in seinen Reaktionen auf die verdächtigen Hinweise eines Ehebruchs zwar eine massive Beeinträchtigung seiner Gefühle, doch betrifft diese weniger die Beziehung, sondern mehr die narzisstische Kränkung seines Ich.

„Das Haus in der Dorotheenstraße": Geschichte einer zerstörerischen Ich-Bezogenheit

Die Personen: Gottfried und Xenia Klausen

KURZINFO

Gottfried Klausen: Ein Mann am Ende

- Der als Wirtschaftsjournalist und Auslandskorrespondent tätige Gottfried Klausen bleibt eine diffuse Figur, obwohl er die Hauptperson der Novelle ist.
- Die wenigen Informationen über seine familiäre und soziale Situation beschränken sich auf die offenbar kinderlose Ehe mit der ehemaligen Mitschülerin Xenia.
- Gottfried Klausen ist ein Rationalist und Pragmatiker: Sein Denken und sein Handeln folgen den Maßstäben der Vernunft, der Logik, der Tatsachenorientierung, der Sachlichkeit und Nüchternheit.
- Gegenüber Gefühlen wie Liebe, Eifersucht und Leidenschaft verhält er sich zurückhaltend bis ablehnend, denn sie erscheinen ihm unverständlich und fremd.
- Zugleich lässt er ein starkes Bedürfnis nach Harmonie, Sicherheit und Ordnung im Alltag erkennen; auf krisen- und schicksalhafte Ereignisse reagiert er mit Verunsicherung, mit Verlust des Selbstvertrauens und der Selbstkontrolle und am Ende sogar möglicherweise mit einem wahnsinnigen Racheakt.
- Der Protagonist der Novelle verdrängt unangenehme und bedrohlich erscheinende Wahrheiten so lange, bis diese unwiderruflich in sein Bewusstsein treten und sich zerstörerisch gegen ihn selbst richten.

Eine schemenhafte Figur

Abgesehen von wenigen direkten Informationen zu seiner Person erhält der Leser kaum erhellende Auskünfte über Gottfried Klausen. Man erfährt lediglich, dass er als „Korrespondent einer überregionalen Tageszeitung" (74) auf das Wirtschaftsressort spezialisiert ist und bereits mehrfach in europäischen Hauptstädten wie Rom oder Madrid (vgl. 74 f.) tätig war. Er gilt als zuverlässiger und sorgfältiger Journalist.

Das Ehepaar Klausen

Mit seiner Frau Xenia lebt er in der alten Ortschaft Kohlhasenbrück im Berliner Ortsteil Wannsee des Bezirks Steglitz-Zehlendorf unmittelbar an der Grenze zu Potsdam. Beide wohnen dort zur Miete in einer abgelegenen und offenbar nicht besonders luxuriösen Villa, die sie zu kaufen beabsichtigen. Dass das Ehepaar vermögend ist, ergibt sich aus dem Umstand, dass der Journalist in London eine Wohnung für 3000 Pfund zu mieten beabsichtigt und diesen hohen Preis für „[n]icht zu teuer" (80) erachtet. Über diese kargen beruflichen und familiären Details hinaus jedoch bleiben weitere Informationen über die Identität des Protagonisten völlig offen. Weder kennt man seine Herkunft noch sein Alter. Auch blei-

Lückenhafte Informationen

ben Fragen nach Eltern, Geschwistern, Kindern oder gar Enkelkindern unbeantwortet, ebenso diejenigen nach seinen Freizeitaktivitäten, Interessen und Vorlieben. Wenn er auch einen Namen hat, so bleibt Gottfried Klausen eine eher gestaltlose Figur ohne ausgeprägtes Profil. Seine Existenz scheint bestimmt durch die Abwesenheit von sozialen Kontakten, die über die eheliche Beziehung mit seiner Frau und über den beruflichen Umgang mit Kolleginnen und Kollegen hinausgehen. An keiner Stelle der Novelle ist von Freundinnen oder Freunden die Rede, mit denen er sich beispielsweise über seine ambivalente persönliche Situation in London und über das für ihn unerklärliche Verhalten seiner Frau ihm gegenüber austauschen könnte. Insgesamt erweckt Gottfried Klausen den Eindruck eines Einzelgängers, dessen Nachname etymologisch zwar nicht unmittelbar auf das lateinische Verb *claudere* ‚schließen' zurückgeht, jedoch Assoziationen mit dem Begriff der Klause als dem Aufenthaltsort eines Einsiedlers weckt.

Ein Einzelgänger

Lediglich aus den Angaben des auktorialen Erzählers zu den Verhaltensweisen, Gedanken und Gefühlen des Protagonisten lassen sich Rückschlüsse auf den Charakter dieses unspektakulären Mannes ziehen. Dabei fällt zunächst die Sachlichkeit auf, mit der er sich in der Welt bewegt. Die Nüchternheit seiner Sicht auf die Menschen und Dinge ist selbstverständliche Voraussetzung seiner journalistischen Arbeit, denn „[w]as er zu berichten hatte, musste klar und nachvollziehbar sein, so dass er gezwungen war, gründlich zu recherchieren" (74). Die Gewohnheit einer auf Daten und Fakten basierenden Wahrnehmung der Wirklichkeit setzt sich offenbar im privaten Bereich fort. So unterlässt Gottfried Klausen in London beispielsweise einen erneuten Anruf bei seiner Frau, obwohl der Umstand, dass er sie nach einem abendlichen Theaterbesuch zu fortgeschrittener Stunde weder über ihr Handy noch über das Festnetz erreicht, ihm Anlass zur Beunruhigung sein müsste. Als Xenia sich auch beim zweiten Anlauf, sie zu erreichen, nicht meldet, geht er

Ein Vernunftmensch

> „erst einmal ins Bad, um es später nochmals zu versuchen, aber als er im Bett lag, war er zu müde, und er fand es

> unnötig, jetzt noch ein längeres Gespräch zu führen. Er,
> Klausen, hatte sich an die Verabredung gehalten, und falls
> Xenia etwas dazwischengekommen war …
> ‚Macht nichts', dachte er noch, dann, es war Viertel vor zwölf,
> hörte man ihn ruhig atmen." (78)

Verdrängung von persönlichen Problemen und Vermeidung von Konflikten

Als die Indizien für ein Liebesverhältnis seiner Frau mit einem anderen Mann bereits kaum noch zu übersehen bzw. zu überhören sind, plant der Auslandskorrespondent zwar einen Flug nach Berlin, bleibt aber zunächst noch über „Wochen" hinweg in London, um „die anstehenden Kommentare und Berichte möglichst rasch zu erledigen" (84). Mit einer zeitlichen Verzögerung, die den beunruhigenden Signalen aus dem Haus in der Dorotheenstraße kaum noch Rechnung trägt, „überprüft und korrigiert" er die von ihm verfassten Zeitungsartikel „nochmals", bevor er „um eine Woche Urlaub" (ebd.) bittet.

Krisenhafte Entwicklung bis hin zum Selbstverlust (und Wahnsinn?)

Neben diesem ausgeprägten Hang zum pragmatischen Denken und Handeln, der auch Zeichen einer Verdrängung durch Selbstvergewisserung in den täglichen Gewohnheiten sein könnte, treten die Fähigkeit und die Bereitschaft zu einer ernsthaften Auseinandersetzung mit einer auf den ersten Blick fremden Wirklichkeit in den Hintergrund. So staunt Klausen zwar, wie ihm im Theater „eine Welt vor Augen geführt" wird, „die nicht irgendwelchen Fakten und deren Nachweisbarkeit, sondern ausschließlich der Willkür, der Unzuverlässigkeit des schönen Scheins geschuldet" ist, doch wirkt für ihn das, was er auf der Bühne zu sehen bekommt, „vollkommen unglaubwürdig" (77). Zugleich jedoch verliert Gottfried Klausen im Laufe der Ereignisse den Boden der vermeintlichen Sicherheit einer scheinbar auf Vernunft gegründeten Denk- und Lebensweise unter den Füßen.

Xenia Klausen: Eine Frau am Beginn eines Neuanfangs?

- Der Erzähler bietet kaum Informationen über Klausens langjährige Ehefrau. Ihr wesentliches Merkmal ist die Abwesenheit: Während des London-Aufenthaltes von Gottfried bleibt sie in Deutschland; trotz einer Zusage fliegt sie nicht zu ihm, bei Anrufen antwortet an ihrer Stelle ein unbekannter Mann, während lediglich im Hintergrund ihr Flüstern und Lachen zu hören sind.
- Geht man davon aus, dass das ungewöhnliche Verhalten von Xenia nicht nur einer Wahnvorstellung ihres Mannes entspringt, so scheint sie mit einem anderen Mann glücklich zu sein und die Beziehung zu ihrem Ehemann bewusst abzubrechen.
- Der Erzähler legt am Ende der Novelle die Vorstellung nahe, dass Xenia von ihrem Mann umgebracht wird, doch gibt es für diese Annahme keine verlässlichen Indizien.

Im Gegensatz zu ihrem Mann, dessen Name Gottfried sich aus den althochdeutschen Begriffen *got* (‚Gott') und *fridu* (‚Frieden', ‚Schutz') zusammensetzt, trägt Xenia einen seltenen, geradezu exotischen Vornamen, der von dem altgriechischen Wort *xénos* (‚fremd') stammt und sowohl ‚die Gastgeberin' als auch ‚die Fremde' bedeutet. In der antiken Mythologie ist Polyxenia als Tochter des trojanischen Königs Priamos und als jungfräuliche Priesterin der Göttin Athene dem Helden Achill(eus) zugetan, obwohl dieser auf der Seite des feindlichen griechischen Heeres kämpft.

Die Frau im Hintergrund

In „Das Haus in der Dorotheenstraße" bleibt Xenia eine ferne und fremde Gestalt, die zwar mit ihrem langjährigen Ehemann Gottfried Klausen zunächst noch in einer engen Beziehung zu stehen scheint, sich aber mit Beginn der Handlung systematisch aus dem gemeinsamen Eheleben zurückzieht. Bei einer Distanz von über 1000 Kilometern, die zwischen London und Berlin besteht, bricht die Verbindung zwischen den beiden mehr und mehr ab.

Schein und Sein

Führen sie zunächst noch Telefonate in zeitlich nicht näher bestimmten Abständen (vgl. 76), so ruft Gottfried Klausen schließlich erstmals vergeblich in Berlin an (vgl. 78). Als er Xenia dann doch erreicht, verhält sie sich „zögerlich", bevor sie einer Flugreise nach London zustimmt, dann aber doch aus unerklärlichen Gründen

Die Ehefrau wird zum Phantom

nicht zum vereinbarten Termin am Flughafen Heathrow erscheint.

Wer ist der fremde Mann?

Ein weiteres Rätsel ist für Gottfried Klausen die Männerstimme, die er hört, nachdem er die Handynummer seiner Frau gewählt hat, um zu erfahren, weshalb sie nicht auf dem Londoner Flughafen gelandet ist. Ein direkter Kontakt mit seiner Frau gelingt ihm erst später, wobei sie sich zwar für ihr Fernbleiben entschuldigt, eine Erklärung dafür aber schuldig bleibt (vgl. 82 f.). Es vergehen mehrere Wochen, bis Gottfried Klausen sich mit einem „Flugticket […] in der Tasche" (84) zum Londoner Flughafen begibt, um für die Dauer einer Woche nach Hause zu reisen. Da der Ausbruch des isländischen Vulkans Grimsvötn diesen Plan kurzfristig vereitelt, muss er diesmal seiner Frau mitteilen, dass er erst später in Berlin eintrifft. Am Hörer jedoch antwortet lediglich

> „eine Männerstimme, und was sie ihm zu sagen hatte, konnte Klausen […] deutlich verstehen. Genauer: Da war jemand, der wissen wollte, wer er war, und als Klausen seinen Namen nannte und darauf bestand, mit seiner Frau zu sprechen, hörte er ein Flüstern, dann im Hintergrund ein unterdrücktes Lachen, und es war, daran bestand kein Zweifel, Xenia, die sich, worüber auch immer, zu amüsieren schien.
> Danach herrschte Stille, in der Klausen hoffen durfte, dass er sich getäuscht hatte, und dass Xenia sich, darum hatte er schließlich gebeten, doch noch melden würde. Aber nichts dergleichen geschah." (86)

Mehrdeutigkeit von Xenias Äußerungen am Telefon

Gestaltlosigkeit der Frau

Das „Frauenlachen", wohl doppelter Ausdruck von Liebesglück und Lebensfreude, aber auch von brüsker und höhnischer Abkehr von dem Ehepartner, ist innerhalb der Novelle das letzte Lebenszeichen von Xenia. Innerhalb der Handlung ist diese weitgehend unbekannte und konturlose Frau kaum präsent. Abgesehen von einer längeren Umarmung, die bei der Abreise ihres Mannes nach London „etwas länger als gewöhnlich" (75) dauert, bleibt sie auch für den Leser völlig profillos. Der auktoriale Erzähler verzichtet in Bezug auf ihre Person viel mehr noch als bei Gottfried Klausen auf alle Angaben, die es dem Leser erlauben, sich diese Frau als Individuum vorzustellen. Stattdessen reduziert sich ihre Gestalt auf eine diffuse Figur, die hinter den Mauern einer Villa ein mysteriöses Doppelleben zu führen scheint.

Psychogramm einer Ehe

KURZINFO

Von der Macht der Gewohnheit zur Ohnmacht der Gefühle

- Für Gottfried Klausen steht die Stabilität seiner Ehe zunächst offenbar außer Frage; mit dem Kauf des Hauses in der Dorotheenstraße will er die Fortdauer seiner langjährigen Lebensgemeinschaft mit Xenia besiegeln.
- Der Zustand des geplanten Kaufobjekts, das von dem Paar schon lange zur Miete bewohnt wird, gibt Hinweise auf die Brüchigkeit der Ehebeziehung.
- Diese basiert weniger auf Liebe und Leidenschaft als vielmehr auf eingeschliffenen Alltagsroutinen sowie auf vernunftbetonten Erwägungen im Falle einer Entscheidung.
- Die plötzlichen Veränderungen, die Gottfried Klausen während seines Aufenthaltes in London im Hinblick auf das Verhalten seiner Frau wahrnimmt oder wahrzunehmen glaubt, untergraben sein Vertrauen in die vermeintliche Beständigkeit seiner Ehe und in diejenige seines Lebens.
- Xenia scheint in der Beziehung mit einem anderen Mann ein neues Glück gefunden zu haben, wie ihr Lachen andeutet.
- Der Aushöhlung von Klausens bisheriger Selbstsicherheit und Selbstbeherrschtheit folgt möglicherweise – gleich dem Ausbruch des Vulkans Grimsvötn – der Ausbruch unterdrückter Aggressionen und ihre Entladung in einem aus Hass und Eifersucht motivierten Mord.

In der Novelle wird gleich zu Anfang erwähnt, dass Gottfried Klausen und seine Frau Xenia „sich aus der gemeinsamen Schulzeit" kennen. Der Gleichklang ihrer „Eigenarten und Interessen" (73) bildet die Grundlage ihrer wechselseitigen Vertrautheit. Mit dem Aufbruch des Protagonisten von Deutschland nach Großbritannien zerbricht die Illusion einer harmonischen Verbindung. Man kann dabei mit ihm die Vermutung anstellen, dass die Ehe schon lange vor seiner Abreise so „verlogen" war, „dass er ihre Untreue nicht bemerkt hatte" (88).

Der Schein einer einvernehmlichen Ehegemeinschaft

Betrügt Xenia ihren Mann?

Der desolate Zustand des Wohnhauses in der Dorotheenstraße ist dabei bildhafter Ausdruck für den Zustand der Ehebeziehung. Der Garten, üblicherweise Inbegriff eines Stücks kultivierter Natur, ist „verwildert" und zeigt ebenso wie die Hausfassade mit ihrem „breitflächig abgebröckelt[en]" Putz alle Spuren einer mangelnden Pflege. Wenn es einschränkend heißt, dass die „Vorderfront [...] auf moderne Weise elegant" und „wie ein Musterbeispiel aus dem Art déco" wirkt, so gilt der Vergleich einer Kunstrichtung der Jahre 1920–1940, in der die äu-

Das Haus in der Dorotheenstraße als Metapher für den prekären Zustand der Ehe

ßere Verschönerung durch dekorative, schmückende Elemente eine stilisierte und unnatürliche Darstellung von plakativer Wirkung erzeugte. Wenn es außerdem heißt, dass die beiden „überlegten, ob es nicht vernünftig wäre, das Grundstück zu erwerben" (74), so zeigt sich in diesem Satz die bloße Rationalität der Inbesitznahme eines Objekts, bei der idealistische, romantische und emotionale Gründe keine Rolle spielen.

Vernunftehe statt Liebe und Leidenschaft

Die Novelle erzählt vom Einbruch des Irrationalen in das Dasein eines Mannes, der sich in der Annahme der Unwandelbarkeit und Dauerhaftigkeit seiner Existenz im Leben eingerichtet hat. Ganz im Sinne seiner journalistischen Spezialisierung auf das Wirtschaftsressort folgt er den ökonomischen Prinzipien von Nützlichkeit und Effektivität:

> „Meist ging er, wenn er fror, in ein nahegelegenes Restaurant, aß eine Kleinigkeit, dann saß er wieder vor seinem Rechner. Er tat seine Arbeit, und was er den Abend über notierte oder verbesserte und schließlich zu einem Artikel erweiterte, war für seine Zeitung bestimmt." (77)

Anzeichen einer negativen Gefühlslage und tiefen Verstörung

Wenn etwas nicht gelingt, wie etwa in Bezug auf einen geplanten Umzug, so trägt das zu seiner „Unzufriedenheit" (76) bei. Der „kalte Wind", der ihm „ins Gesicht" (ebd.) bläst, sowie der Regenschirm, der sich im Regen nicht aufspannen lässt (vgl. 77), sind Bilder einer Verschlechterung der psychischen Verfassung von Gottfried Klausen. Ihnen folgen explizite Hinweise auf die innere Erschütterung beim Besuch eines Theaterstücks, das den tödlichen Ausgang einer leidenschaftlichen Liebesbeziehung zeigt. Gottfried Klausen kann nicht verstehen, dass der rasend eifersüchtige Othello sich „weigerte, die Untreue, die man ihr [Desdemona] angedichtet hatte, auf vernünftige Weise zu hinterfragen" (78).

Abschirmung gegen die Realität

Gottfried Klausen verdrängt die zunehmend eindeutigen Hinweise darauf, dass seine Frau ihn wahrscheinlich mit einem anderen Mann betrügt, indem er diese ignoriert oder sich in wirklichkeitsfremde Erklärungen flüchtet:

> „Als er in seine Wohnung zurückfuhr, ließ er das Handy, obwohl es immer wieder klingelte, unbeachtet. Dabei hätte ein Blick

auf das Display genügt, um herauszufinden, ob es Xenia war,
die allen Grund hatte, ihm zu erklären, warum sie, obwohl
man es fest verabredet hatte, nicht in Heathrow gelandet war.
Und es war durchaus möglich, dass auf dem Flughafen, als er
versucht hatte, sie zu erreichen, eine falsche Verbindung
zustande gekommen war." (82)

Ein weiterer und ebenso vergeblicher Versuch, die Indizien eines Ehebruchs bei seiner Frau zu übersehen oder
zu missachten und der Realität aus dem Wege zu gehen,
besteht darin, das eigene Handeln infrage zu stellen:

> Selbstzweifel und
> Selbstbeschuldi-
> gung als Formen
> der Verdrängung

> „‚Ich kann mich nicht beschweren', dachte er. ‚Und es wäre nur
> recht und billig, auch einmal auf Xenias Wünsche einzugehen.
> Ich weiß doch, wie ungern sie das Haus in der Dorotheenstra-
> ße unbeaufsichtigt lässt. Und ist es wirklich nötig', dachte
> Klausen, ‚dass wir hier, wer weiß, wann sie mich in eine
> andere Gegend schicken, eine teure Dreizimmerwohnung
> mieten?'" (82 f.)

Doch der Versuch, Augen und Ohren vor der mutmaßlichen Wahrheit zu verschließen, misslingt. Die unterdrückte Seite lässt die Leugnung der Wirklichkeit nicht
zu, sondern drängt ungehindert und in zerstörerischer
Weise an die Oberfläche des Bewusstseins.

> Entfesselung des
> Verdrängten

Erzählweise

KURZINFO

Klare Strukturen im Aufbau und in der Wiedergabe der Handlung

- Die Novelle enthält eine Rahmen- und eine Binnenhandlung, äußerlich
  erkennbar etwa am Wechsel der Schauplätze.
- Die Wiedergabe der Ereignisse folgt dem chronologischen Verlauf der Handlung über einen Zeitraum von etwa 5 Monaten.
- Ein auktorialer Erzähler oder eine auktoriale Erzählerin beschreibt und
  erläutert das Geschehen aus der Distanz, ohne jedoch bis ins Letzte Kenntnis-
  se über Zusammenhänge oder Hintergründe des Geschehens zu haben; so
  entzieht sich ihm/ihr beispielsweise der weitere Verbleib des Protagonisten
  am Ende der Novelle.
- Im Mittelteil geht das auktoriale in ein primär personales Erzählverhalten
  über.
- Wenn überhaupt einmal wörtliche Rede zitiert wird, dann lediglich diejenige
  des Protagonisten; Aussagen seiner Frau werden nur mittelbar und zusam-
  menfassend berichtet.
- Monologe und erlebte Rede vermitteln einen Einblick in die Gefühle und
  Gedanken von Gottfried Klausen.

Bei der Novelle „Das Haus in der Dorotheenstraße" handelt es sich um einen in erzähltechnischer Hinsicht komplexen literarischen Text, der zwar eine lineare Struktur der Handlung und eine eher einfache Zeit- und Redegestaltung aufweist, jedoch mit den vorwiegend hypotaktischen Sätzen (Satzgefüge aus Haupt- und untergeordneten Nebensätzen oder Satzgliedern) und dem differenzierten Wortschatz durch einen besonderen Stilwillen auffällt.

Auktoriales Erzählverhalten am Anfang und Ende der Novelle: Erzählen aus der Distanz eines Beobachters

Die Erzählsituation ist durch einen auktorialen (‚allwissenden') Erzähler bestimmt, der das Geschehen und die Figuren aus der Distanz beobachtet, beschreibt und kommentiert. Schon der erste Satz, der den Verlauf des Teltowkanals skizziert, kündigt die Anwesenheit dieses Erzählers durch den fast unauffälligen Einschub „wie gesagt" (73) an. Mit der formelhaften Wortverbindung wird auf etwas verwiesen, das außerhalb der dann folgenden Geschichte liegt, in diesem Fall auf Informationen in der Novelle „Die Ewigkeit des Augenblicks", die dem „Haus in der Dorotheenstraße" innerhalb der Novellensammlung als erste vorausgeht. Auch die weitere Präsentation des Handlungsortes offenbart den Blick eines Außenstehenden, der den Eindruck, den die Landschaft bei ihm erweckt, mit dem wiederholten Gebrauch des Verbs ‚wirken' (vgl. 73 f.) umschreibt.

Intertext „Die Ewigkeit des Augenblicks"

Bewertungen der Geschehnisse

Mit mehr oder weniger deutlichen Interventionen lenkt der auktoriale Erzähler das Verständnis und die Bewertung der Personen und Ereignisse seiner Geschichte. Er ist nicht nur ein intimer Kenner der Gefühlsverfassung des Protagonisten („Gottfried Klausen […] versuchte, einen Anflug von Gekränktheit loszuwerden", 82), sondern er prägt auch die Empfindungen des Lesers, wenn er etwa in einer poetischen Darstellung die Situation des einsam schlafenden Gottfried Klausen atmosphärisch und existenziell verallgemeinert:

Atmosphärische Verdichtung von Situationen

> „Jeder kennt die Stimmung, die um einen Schlafenden entsteht. Es ist so etwas wie Fremdheit, und doch bleibt alles, wie es war: Da sind die Möbel, die, nachdem die Nachttischlampe nicht mehr brennt, ihre Schatten werfen, da ist das unverhangene Fenster, durch das genügend Licht fällt, um

40

auch den kahlen Wänden ringsherum Konturen zu geben, und hinter dem Fenster beginnt das grenzenlose Draußen, das, da niemand es wahrnimmt, wie unerlöst, wie beziehungslos, wie eine Welt ohne Gegenüber wirkt, und selbst der Mond, der über den Dächern der Stadt aufsteigt, kann seine Schönheit nicht zur Geltung bringen." (78 f.)

Mitunter ‚wirkt' der Erzähler selbst anmaßend und überheblich, indem er dem Leser gegenüber einen gezielten Informationsentzug damit begründet, dass er, der Leser, aufgrund seines Vorwissens einer weiteren Erklärung nicht bedürfe:

Dialog mit den Lesern

> „Stunden später war Gottfried Klausen in seiner Londoner Wohnung, und es erübrigt sich zu beschreiben, wo genau er in der Stadt an der Themse untergekommen war." (76)

Die Inszenierung der eigenen Überlegenheit gelangt aber dort an ihre Grenzen, wo der Erzähler am Ende der Novelle nach einer Reihe von unbeantworteten Fragen seine eigene Unkenntnis eingestehen muss:

Der Erzähler räumt seine Unwissenheit ein

> „Und das Haus in der Dorotheenstraße? War dies nicht der Ort, dem sich Klausen […] verbunden fühlte? Und hätte er nicht allen Grund gehabt, statt nach Island […] nach Berlin zu fliegen […]?
> Was letztendlich geschah, wir wissen es nicht." (92)

Neben der auktorialen weist die Novelle auch die Merkmale einer personalen Erzählsituation auf, in der das Geschehen in der Er- oder Sie-Form erzählt wird. Der Erzähler beschränkt sich auf eine zwar perspektivische, in erster Linie aber möglichst objektive Darstellung von Gegebenheiten und Ereignissen. So lässt auch die folgende Wiedergabe des für den Protagonisten spannenden Wartens auf seine Ehefrau kaum subjektive Tönungen erkennen:

Personales Erzählverhalten im Mittelteil der Novelle

> „Klausen starrte auf die Anzeigetafel, auf der die Ankunft der Berlinflüge zu lesen war, und er hatte noch eine Dreiviertelstunde Zeit, dann musste er am richtigen Ausgang stehen, um Xenia nicht zu verfehlen […].
> Wenig später stand er am Tresen einer Cafeteria und bemühte sich, die Ansagen aus dem Lautsprecher zu verstehen. Sie schienen ihm, vielleicht weil er aufgeregt war, irgendwie übersteuert." (81)

Seltene Wieder-
gabe von Dialogen
in indirekter oder
direkter Rede

Nur wenige Male zitiert der Text Gespräche zwischen Gottfried und seiner Frau, so beispielsweise die Vereinbarung, dass Xenia „fürs Erste in Kohlhasenbrück […] bleiben würde", woraufhin ihr Mann wörtlich sagt: „‚Wir haben keine Eile […]. Und falls es mir in London gefällt und wir eine passende Wohnung finden, kommst du einfach nach.‘" (75)

An einer anderen Stelle dokumentiert die wörtliche Rede die Worte, mit denen Gottfried Klausen seiner Frau in einem Telefongespräch mitteilt, dass er in London eine Wohnung für sie beide „in Aussicht" habe:

> „Es sind drei Zimmer in der Gower Street […]. Die Miete beträgt 3000 Pfund. Nicht zu teuer', sagte er, wies aber darauf hin, dass er den Mietvertrag in ein bis zwei Wochen unterschreiben müsse." (80)

Ausblendung
der Aussagen
von Xenia

An keiner Stelle der Novelle werden die Aussagen der Ehefrau direkt zitiert; mögliche Einwände, Entgegnungen, Zweifel, Befürchtungen o.Ä. von ihrer Seite finden sich nur in der Form der indirekten Rede:

> „Xenia verhielt sich zögerlich. Sie bedauerte, dass sie gestern nicht miteinander hatten sprechen können, nannte aber keine Gründe, und als er ihr klarzumachen versuchte, wie schwierig es für ihn sei, in einer fremden Umgebung […] immer allein zu sein, stimmte sie zu." (80)

Vernachlässigung
von Xenias
Gedanken und
Gefühlen

Die Auslassung des konkreten Wortlauts von Xenias Äußerungen gibt Anlass zu der Vermutung, dass ihre Bedürfnisse eine geringere Geltung besitzen als die ihres Mannes, der wichtige, sie beide betreffende Entscheidungen fällt. Es steht offenbar außer Frage, dass er als Auslandskorrespondent in London tätig wird und sie ihm nachreist, um mit ihm eine gemeinsame, von ihm ausgesuchte Wohnung zu beziehen.

Nur ein einziges Mal gibt der Text einen echten Dialog wieder, als nämlich Gottfried Klausen dem Chefredakteur zu verstehen gibt, dass er die britische Hauptstadt unbedingt verlassen müsse (vgl. 91 f.). Dass die Novelle nahezu ausschließlich auf den männlichen Protagonisten fokussiert ist, erweist sich auch in den wiederkehrenden Monologen, in denen er die ihn verstörenden

Dominanz von
Monologen

Erlebnisse und Wahrnehmungen in seinem Umfeld reflektiert und zu verarbeiten sucht. So auch nach der schockierenden Begegnung mit einer fremden Person auf dem Mobiltelefon seiner Frau:

> „,Da war eine Männerstimme, und als ich mit meiner Frau sprechen wollte, hat sie gelacht. Womit ließe sich das erklären', dachte Gottfried Klausen." (87)

Neben dem inneren Monolog bietet die Form der erlebten Rede zusätzliche Einblicke in die Gedanken- und Gefühlswelt des Protagonisten:

> „War es tatsächlich so, dass Xenia jemandem erlaubt hatte, ihr Handy zu benutzen, jemandem, mit dem sie so vertraut war, dass es im Haus an der Dorotheenstraße hatte geschehen können? Und wer weiß, vielleicht waren die beiden, als Xenia über den Anruf ihres Mannes lachte, nicht etwa im Flur oder in der Küche, sondern im Schlafzimmer! Und war Klausens Ehe mit dieser Frau vielleicht schon derart verlogen, dass er ihre Untreue nicht bemerkt hatte?" (88)

Wiedergabe der Gedanken und Gefühle des Protagonisten in Form der erlebten Rede

Gattungsaspekte

KURZINFO

Typische Merkmale einer Novelle

- Der deutsche Begriff der Novelle stammt aus dem Italienischen (*novella* ‚Neuigkeit'); er darf nicht mit dem englischen Begriff *novel* (‚Roman') verwechselt werden.
- Novellen sind in der Regel epische Texte bzw. Prosatexte von begrenztem Umfang und geradlinig-klarem Aufbau.
- Sie erzählen von einem einzelnen Ereignis, das die Hauptfigur existenziell herausfordert.
- Die Handlung folgt einem dramatischen Aufbau mit der Darstellung einer Ausgangssituation (Exposition), die sich durch einen Vor- oder Zwischenfall so gravierend verändert (Peripetie), dass die betroffene Person in eine schwere Krise gerät, welche häufig einen katastrophalen Ausgang nimmt.
- Sogenannte Dingsymbole (Gegenstände, Tiere, Pflanzen) begleiten die Handlung in der Weise eines Leitmotivs, das den Bedeutungszusammenhang des Erzählten sinnfällig hervortreten lässt.

„Das Haus in der Dorotheenstraße" sowie die anderen Geschichten der Sammlung werden vom Autor ausdrücklich als „Novellen" bezeichnet. Dies ist ein Gattungsbegriff, der eine lange literarische Tradition hat und durch typische Merkmale bestimmt ist. Nach einer der bekanntesten literaturwissenschaftlichen Definitionen ist die Novelle zumeist eine Prosaerzählung „von geringerem Umfang, die ein bestimmtes, herausgehobenes, mehr oder weniger ungewöhnliches Ereignis" (Benno von Wiese, *Novelle*, 8. Aufl. Stuttgart: Metzler, 1982, S. 4) berichtet. Von den ‚unwirklichen' Fabeln und Märchen grenzt sie sich durch einen starken Wirklichkeitsbezug ab, vom Roman hingegen durch den Verzicht auf ausgeprägte Darstellungen der äußeren und inneren Wirklichkeit, etwa von Landschaften oder Gefühlszuständen, oder die detaillierte Porträtierung einzelner Personen.

Unterschiede zu Fabeln, Märchen und Romanen

Im Sinne von Johann Wolfgang von Goethes Aussage, nach welcher die Novelle „eine sich ereignete, unerhörte Begebenheit" ist (Gespräch mit Eckermann vom 29. Januar 1827) bezeichnet, erzählt auch „Das Haus in der Dorotheenstraße" von einem außergewöhnlichen Geschehen, das einen einzelnen Menschen völlig aus der gewohnten Bahn wirft und sein Leben von Grund auf verändert. Der Protagonist Gottfried Klausen gerät in einen dramatischen Konflikt mit seinem bisherigen vertrauten Wirklichkeitsbild, als er feststellen muss, dass seine langjährige Partnerin und Ehefrau mit einem anderen Mann Kontakt hat.

Konzentration auf ein besonderes Ereignis

Die Handlung erstreckt sich bei einer Anzahl von kaum mehr als zwanzig Seiten auf einen überschaubaren Umfang. Sie enthält keine Nebenhandlungen, sondern zeigt einen straffen, geradlinigen Verlauf und beschränkt sich auf relativ wenige Begebenheiten. Sieht man einmal von wiederholten Hinweisen auf die intensive journalistische Tätigkeit des Auslandskorrespondenten und auf seine vielen einsamen Stunden in der Wohnung und in den Straßen der Stadt London ab, so ragen lediglich zwei verstörende Theaterbesuche und ein den Flugverkehr beeinträchtigender Vulkanausbruch aus dem mehrmonatigen grauen Alltag heraus.

Verknappung der Handlung

Im Zentrum der Aufmerksamkeit stehen hingegen einige wenige geheimnisvolle Anrufe, die der Protagonist nicht deuten kann oder will. Wenn einer der bekanntesten deutschen Novellenschreiber, Theodor Storm (1817–1888), die Novelle als „Schwester des Dramas" und als „die strengste Form der Prosadichtung" begreift, so findet sich analog in „Das Haus in der Dorotheenstraße" ein dramatischer Aufbau von der Exposition (Leben in Berlin, Umzug ins Ausland) über die Peripetie (Männerstimme am Telefon als Wendepunkt) hin zur Katastrophe (psychische Krise, evtl. Verbrechen).

Spannungsbogen

Immer wieder wird in der Novellentheorie betont, dass das erzählte Ereignis „wichtiger erscheint als die Personen, die es erleben" (André Jolles, zit. nach: Benno von Wiese, *Novelle*, 8. Aufl. Stuttgart: Metzler, 1982, S. 4). Das, was Gottfried Klausen widerfährt, wäre demnach nicht als Einzelschicksal eines bestimmten Individuums bedeutsam, sondern als Beispiel für das Schicksalhafte des menschlichen Lebens. Indem es ganz unvermittelt und brutal in das vermeintlich geordnete Dasein eines Mannes eintritt, muss sich die Leserin / der Leser selbst mit der Frage nach dem existenziellen Sinn des Unerwarteten und Plötzlichen auseinandersetzen.

Adressatenbezug

Dass auch „Das Haus in der Dorotheenstraße", wie in Novellen üblich, einen starken Realitätsbezug hat, zeigt sich unter anderem an den verhältnismäßig vielen geo- und topographischen Hinweisen auf Straßen, Bauwerke usw. in Berlin und in London. Der Ausbruch des isländischen Vulkans Grimsvötn, von dem in der Geschichte die Rede ist, liefert eine konkrete zeitliche Information, welche eine Datierung von Teilen der Novellenhandlung erlaubt.

Wirklichkeitsbezug

Zugleich enthält „Das Haus in der Dorotheenstraße" ein sogenanntes Dingsymbol, das nach der Feststellung von Paul Johann Ludwig von Heyse (1830–1914) für Novellen charakteristisch ist. Damit sind Gegenstände, Tiere oder Pflanzen gemeint, denen innerhalb der Geschichte eine besondere Bedeutung zukommt. In „Das Haus in der Dorotheenstraße" ist das Wohnhaus des Ehepaares ein solcher Gegenstand mit Leitmotivcharakter. Das Haus, ursprünglich ein Ort der scheinbaren Geborgenheit, rückt am Ende durch das „Erlöschen der Lampen" (93) ins Dunkel eines nächtlichen Geheimnisses.

Schlüsselmotive

Thematische Schwerpunkte in Langes Novellen

Kartographie des Raumes

Der erzählte Raum als Seelenlandschaft

- Alle Geschichten in der Novellensammlung *Das Haus in der Dorotheenstraße* sind auf die Übergangszone zwischen Stadt und Land im Berliner Südwesten fokussiert.
- In der Titelnovelle verlagert sich das Geschehen im Mittelteil ausnahmsweise nach London.
- Die vielen geo- und topographischen Angaben in den fünf Texten des Bandes entsprechen realen Orten der Wirklichkeit.
- Die konkrete Verortung der Schauplätze durch die Erzählerin oder den Erzähler steht in einem Gegensatz zur inneren Heimatlosigkeit der Hauptfiguren.

Wie der weltberühmte österreichische Schriftsteller Peter Handke (*1942), der für viele seiner Werke, darunter zum Beispiel *Mein Jahr in der Niemandsbucht* (2000) und *Don Juan (von ihm selbst erzählt)* (2005), die hügelige und waldreiche Landschaft im südwestlichen Randbereich von Paris und unweit von Versailles zum Schauplatz fiktiver Wanderungen und Gedankengänge macht, so platziert auch Hartmut Lange die Handlung seiner Novellen in einer Grenzregion im Übergang zwischen weltstädtischer Urbanität und naturhafter Provinzialität. In beispielhafter Weise illustriert dies etwa in „Die Ewigkeit des Augenblicks" die Route des Taxifahrers Dennninghoff, der von der Knesebeckbrücke, die die kleine Stadt Teltow mit dem Berliner Bezirk Steglitz-Zehlendorf verbindet, nach Zehlendorf fährt und dabei die Veränderungen der Umgebung im Sinne einer Verdichtung des Wohnraums und der Infrastruktur wahrnimmt:

Grenzregionen als Handlungsorte

> „Anfangs, in der Nähe von Schönow, gab es noch dichten Baumbestand. Dahinter begannen die Vorgärten. Man passierte Einfamilienhäuser hinter mannshohen Drahtzäunen, und hinter dem Postgebäude, oder war es das Altenheim am Heinrich Laehrpark, näherte man sich schon der Mühlenstraße und damit der S-Bahn-Unterführung [...]." (13)

Die Stationen der Weiterfahrt in Richtung Berliner Innenstadt lassen sich auf dem Stadtplan nachzeichnen;

sie vermitteln das Bild eines dichten Straßennetzes auf bekanntem Terrain:

> Denninghoff fuhr weiter „über die Clayallee, überquerte irgendwann das Roseneck, wo der Hohenzollerndamm begann, und erst hinter dem Fehrbelliner Platz, es waren immerhin noch ein, zwei Kilometer, bog er nach links ab, um sich in der Pariser Straße in einen Taxistand einzureihen." (14)

Die zahlreichen Namen von Gebieten („Havelland", 98), Orten („Hohengatow", „Kladow", 110), Stadtvierteln (das „Holländische Viertel" in Potsdam, 112), Gewässern („von der Havel bis zur Spree", 11), Brücken (die „Glienicker Brücke", 101) Straßen („die Waldmüllerstraße", 97), Himmelsrichtungen („am nördlichen Ufer des Griebnitzsees", 97), Entfernungen („auf halber Strecke nach Blankenfelde", 63) und Gebäuden (das „Teltower Rathaus", 60) markieren einen realen geographischen Raum. Er lässt sich auf einer Landkarte des Gebiets im Südwesten der deutschen Hauptstadt entlang dem Teltowkanal präzise bis nach Potsdam abstecken.

Namhafte Orte als vertraute Orientierungspunkte

Die vielen topographischen Informationen fügen sich zu einem Koordinatennetz, dessen Fixpunkte einen klar umgrenzten und vertrauten Rahmen für die erzählten Handlungen bilden. Als räumliche Bezugspunkte bieten sie den Protagonisten und den Lesern eine vordergründige lokale und regionale Orientierung. Doch innerhalb dieser vermeintlich überschaubaren Welt verlieren sich die Figuren in Ereignissen, die ihnen entweder unvermittelt oder allmählich widerfahren. Dann bildet der heimatliche Raum im Südwesten Berlins die äußere Folie, vor welcher die innere Heimatlosigkeit der seelisch destabilisierten Protagonisten umso deutlicher hervortritt. Demnach handelt es sich bei dem geo- und topographisch identifizierbaren Handlungsraum in Langes Novellen um die „imaginäre, verzerrte Szenerie einer tragischen Entfremdung" und „einer problematisch gewordenen Identität" (Banchelli 2003, S. 169).

Räumliche Ordnung und seelische Unordnung

Innere Orientierungslosigkeit der Personen

In den sechs kleinen Kapiteln der Novelle „Das Haus in der Dorotheenstraße" sind lediglich das erste Kapitel und der Schlussteil des letzten Kapitels unmittelbar im

Gegensätzliche
Orte: die Welt-
stadt London und
das abgelegene
Dorf Kohlhasen-
brück

Umland von Berlin, und dort auch nur in der dörflichen Abgeschiedenheit von Kohlhasenbrück, angesiedelt. Der vordergründig wichtigere Handlungsort ist London, wohin der Auslandskorrespondent Gottfried Klausen versetzt worden ist. Zugleich aber bleibt die britische Metropole in den Kapiteln 2–6 – abgesehen von ganz vereinzelten Ausnahmen („Royal Shakespeare Company", „Gower Street", „Heathrow", „Paddington", „die Umrisse des Big Ben") – auffällig profillos. Die Angaben zu den Orten, an denen Klausen sich aufhält, beschränken sich meistens auf deren Funktionsbestimmung (Brücke, Restaurant oder Pub). Durch diese Unbestimmtheit treten die Dorotheenstraße in Kohlhasenbrück und die unbeantwortete Frage nach dem, was sich dort ereignet („Und das Haus in der Dorotheenstraße?", 92), als die eigentlichen Zentren der Geschichte umso stärker hervor. Nicht die bekannten „Interna der Londoner City" (77), sondern die rätselhaften Vorgänge in einer Villa am Rande von Berlin stehen für den Protagonisten im Mittelpunkt seiner Gefühle und Gedanken. Damit erweist sich die Raumstruktur der Novelle, nach der die Großstadt London den Mittelpunkt der Handlung bildet, als irreführend, denn aus der subjektiven Perspektive des Protagonisten konzentriert sich die Handlung ganz auf ein verstörendes Geheimnis in der abgelegenen kleinen Ortschaft in Berlin-Wannsee.

Die ausländische
Großstadt als
Ort der Ferne
und Fremde – das
heimatliche Dorf
als Ort der Sehn-
sucht nach
Geborgenheit

Kohlhasenbrück:
historischer Ort
eines Verstoßes
gegen Recht und
Ordnung

Kohlhasenbrück mag schon wegen seines provinziellen Namens als belangloser Ort erscheinen. In Wirklichkeit jedoch handelt es sich um den legendären historischen Schauplatz eines berühmten Rachefeldzugs, den der Cöllner Kaufmann Hans Kohlhase (1500–1540) im Zuge eines privaten Rechtsstreits im Jahre 1534 gegen Sachsen startete. Neben Plünderungen, Entführungen und Brandstiftungen, bei denen ihm eine kleine Armee von mehreren hundert Getreuen zur Seite stand, soll er unter anderem auch einen Silbertransport des brandenburgischen Kurfürsten an dem Ort überfallen haben, der heute nach ihm den Namen Kohlhasenbrück trägt. Nach sechsjähriger Fehde wurde Hans Kohlhase am 22. März 1540 wegen Landfriedensbruch zum Tode verurteilt und öffentlich hingerichtet.

Die Geschichte von dem bürgerlichen Pferdehändler, der sich als Opfer eines massiven Unrechts sieht und seine Rechte, nachdem jedweder Einsatz rechtsstaatlicher Mittel vergeblich geblieben ist, mit Gewalt durchzusetzen versucht, wurde in einer Erzählung von Heinrich von Kleist aus dem Jahre 1810 verewigt. Die Titelfigur Michael Kohlhaas greift wie ihr historisches Vorbild auf Maßnahmen der Selbstjustiz zurück, um sich gegen die feudale Willkür zu behaupten, die ihm Gerechtigkeit versagt. Möglicherweise ist die Wahl der Siedlung Kohlhasenbrück als Handlungsort für die Novelle „Das Haus in der Dorotheenstraße" daher kein Zufall, denn deren Ende legt den Schluss nahe, dass Gottfried Klausen möglicherweise an seiner Frau für deren Treuebruch Vergeltung übt.

> Der Rachefeldzug des Kaufmanns Hans Kohlhase: ein Fall von Selbstjustiz im 16. Jahrhundert

Die Natur

Abseits der Zivilisation und jenseits romantischer Verklärung

- Die Handlungsorte aller fünf Novellen liegen in einer Landschaft außerhalb bzw. am Rande der Großstadt Berlin.
- Diese abgelegene und stellenweise verlassen wirkende Region umfasst viele Gewässer und eine relativ reiche Fauna und Flora.
- Die einsame Natur ist wiederholt Ort schicksalhafter Ereignisse, die mitunter ins Mythische verweisen, so etwa die Begegnung mit einer Toten („Die Cellistin") oder das fast spurlose Verschwinden eines Menschen („Die Ewigkeit des Augenblicks").
- Der Glaube an die Einheit von Mensch und Natur oder gar die gleichsam religiöse Überhöhung der Natur durch den Menschen sind bedeutungslos geworden; an die Stelle einer idealistischen Naturauffassung tritt die Wahrnehmung einer feindlichen und fremden Natur, die für den Menschen unverständlich und gefährlich ist.

Die Landschaft, die für die Novellen in *Das Haus in der Dorotheenstraße* Schauplatz der Handlungen ist, liegt im südwestlichen Grenzbereich der Großstadt Berlin. Dort verliert der Raum sein rein städtisches Gepräge und nimmt die Gestalt einer peripheren Region an, in der die Spuren der Zivilisation zwar noch eindeutig vorhanden, aber nicht mehr beherrschend sind. Ein typisches Bild für die Gegend im Übergang zwischen Stadt und Land zeichnet der Erzähler in der Novelle „Die Ewigkeit

> Die städtische Peripherie als Zwischenreich und Welt des Übergangs

des Augenblicks" vom Umland des Teltowkanals, der schon lange kaum noch befahren wird:

Abgelegene Regionen als Orte der Verlassenheit und der Einsamkeit

> „Heute wirkt die Gegend verlassen, und wenn man an dem Geländer der Knesebeckbrücke verweilt, dauert es einige Zeit, ehe man ein Motorboot oder einen Schleppkahn zu Gesicht bekommt. Die Wege am Ufer sind holprig. Man muss darauf achten, nicht über Wurzelwerk zu stolpern, und wenn man sich von der Brücke in Richtung Nordosten hundert Meter entfernt hat, öffnet sich gegenüber, auf er anderen Seite des Kanals, eine Lichtung mit einem Schild, auf dem man die Zahl vierzehn erkennt, offenbar ein Hinweis für die Schifffahrt." („Die Ewigkeit des Augenblicks", S. 11 f.)

Vorstadtregion als Naturreservat und Erholungsgebiet

Es ist zugleich ein großes Naherholungsgebiet, dessen ökologische Vielfalt Andreas Schmittke in „Der Bürgermeister von Teltow" hervorhebt:

> „‚Wir haben', sagte er, ‚nicht nur die Buschwiesen oder den Pappelwald mit seinen Hasen, Rebhühnern, Rehen, Füchsen, wir haben auch noch den Rötelpfuhl. Hier gibt es Graureiher, Stockenten, Erdkröten, Teichrohrsänger und Nachtigallen.'" (53)

Die Natur in „Die Cellistin": Klangkulisse einer melancholischen Musik

Es ist „ein abwegig gelegenes Stück Havelland" (98), in dem der Ich-Erzähler in „Die Cellistin" die Begegnung mit einer toten Musikerin sucht. In der stillen und abgeschiedenen Idylle „am nördlichen Ufer des Griebnitzsees, dort, wo er die Glienicker Lanke berührt" (97), vernimmt er wiederholt „nach Einbruch der Nacht" (ebd.) den Klang eines Cellos. Im Erleben des Erzählers verschmelzen Natur und Kultur zu einer magischen Einheit, die eine „menschenfreundliche Ewigkeit" (105) ‚herbeizaubert'.

Die Natur in „Die Ewigkeit des Augenblicks": ein Totenreich

Für den ehemaligen Architekten Klaus Denninghoff wird diese Landschaft zum Ort seines eigenen Verschwindens. In unmittelbarer Nähe der Knesebeckbrücke sitzt er eines Abends mit übereinandergeschlagenen Beinen auf einem Baumstamm und beobachtet von dort „[n]och vor der Dunkelheit" („Die Ewigkeit des Augenblicks", 41) den Abendhimmel:

> „Er blieb sitzen, und nun sah er, dass das Stück Himmel, das er vor Augen hatte, je dämmriger es wurde und je mehr sich der Rest Helligkeit in Richtung Westen verzog, dass der Himmel

über den Pappeln an Konturen gewann. Zunächst war da ein verwaschenes Blau, ein Anblick, den man kennt, wenn man versucht, in die unendliche Weite zu sehen. Dann aber verdichtete sich das Ganze, wirkte wie eine Folie, und die drei, vier Sterne, die darin funkelten, rückten näher heran, und zwar so sehr, dass man zuletzt den Eindruck gewann, sie befänden sich unmittelbar über den Kronen der Bäume." (42)

Der subjektive Blick auf die dämmrige Umwelt vermittelt dem Protagonisten das Bild einer Verschmelzung des Weltenraums mit der irdischen Natur. Im Gegensatz zu einer romantischen Auffassung, die in der Vereinigung von Himmel und Erde einen (religiösen) Moment der Transzendenz aufleuchten sieht, erkennt Denninghoff in dem von ihm Geschauten kein Zeichen, sondern eine optische Täuschung, eine „Fata Morgana" (42). Für ihn bedeutet die Wahrnehmung von funkelnden Sternen, die an ihn heranrücken, nicht die Vereinigung der Seele mit Gott (*unio mystica*), sondern die ernüchternde Einsicht in die „kalte, abweisende Gleichgültigkeit" (42) der Natur. In der Erkenntnis, dass seine verstorbene Frau Kathrin bei ihrem plötzlichen Tod mit der Bedeutungslosigkeit des Nichts in Berührung gekommen ist, durch ihren Tod aber „wirklich frei" und „jetzt überall und nirgends" (43) ist, entsteht offenbar in Klaus Denninghoff ein Verlangen nach Selbstauflösung.

Abkehr von einer spirituellen Überhöhung der Natur

Todessehnsucht

Das Leitmotiv der Krähen

Die Krähe als literarische Symbolfigur

- Krähenvögel finden in drei der fünf Novellen mehr oder weniger ausführlich Erwähnung.
- Das ihnen geltende Interesse reicht von zoologischen und ökologischen bis hin zu mythischen Aspekten.
- Sie erscheinen als geheimnisvolle und faszinierende sowie als äußerst bedrohliche Lebewesen.

Das Verschwinden von Klaus Denninghoff am Ufer des Teltowkanals bleibt am Ende der Novelle „Die Ewigkeit des Augenblicks" ein Geheimnis. Während sein Auto immer noch mit erloschenen Scheinwerfern und mit angelehnter Fahrertür „im Halteverbot vor der Knesebeckbrücke" (43) steht, bleibt er selbst verschollen:

> „Man fand nichts, übersah auch die niedergetretenen Gras-
> büschel auf der Höhe der Lichtung und das Stück Papier,
> das Notizen enthielt, und dass da zerstreut ein paar Krähen-
> federn lagen." (Ebd.)

Der schwarze Vogel als Geisterwesen und Todesbote

Verweisen die Spuren am Boden auf die physische und die schriftlichen Aufzeichnungen auf die geistige An- bzw. Abwesenheit des Protagonisten am Ort seines letzten Aufenthaltes, so beziehen sich die Vogelfedern auf dessen merkwürdige, geradezu obsessive Beziehung zu Krähen. Die Novelle endet nicht nur mit ihr, sondern beginnt auch mit einer Beschreibung des Erscheinens der schwarzen Vögel in der domestizierten Natur des Stadtrandgebietes von Berlin:

Ein Blick von unten nach oben zu den Vogelschwärmen am Himmel

> „Zunächst tauchen über der Lichtung, die von Pappeln einge-
> grenzt wird, vier, fünf einzelne, dann eine ganze Schar Krähen
> auf. Man hört ein energisches, unruhiges Flügelschlagen, hebt
> den Kopf, versucht, das Auftauchen der Vögel, von dem man
> überrascht wurde, nicht aus den Augen zu verlieren. Aber nach
> einigen Sekunden ist alles vorbei. Dann sind sie in entgegen-
> gesetzter Richtung, also nach Norden zu, verschwunden, und
> der Himmel über den Pappeln ist wieder frei." (12)

Verbundenheit des Menschen mit den Tieren als Ausdruck seiner Sehnsucht nach einer natürlichen Ordnung

Für den auktorialen Erzähler handelt es sich bei dem Naturereignis nicht um ein „flüchtiges, ganz und gar belangloses Phänomen" (ebd.), sondern um etwas Außergewöhnliches, dessen Besonderheit in der Pünktlichkeit besteht, mit der die Krähen „über den Pappeln der Lichtung immer zur gleichen Zeit, immer Punkt acht Uhr abends" (ebd.) eintreffen. Klaus Denninghoff hat dementsprechend die Gewohnheit entwickelt, zu dieser Zeit an der Lichtung anwesend zu sein und sich wie im Schlussbild der Novelle „auf einen umgestürzten Baumstamm" (13) zu setzen, die Beine übereinander zu schlagen und zu warten.

Mit diesem Ritual bindet sich der Protagonist vorübergehend, aber regelmäßig in die Abläufe der Natur ein und wird Teil von ihr. Während der umgestürzte Baumstamm, der sein Stammplatz ist, als Ausdruck der Vergänglichkeit erscheint, verweist das Bild eines sitzenden, auf Vögel wartenden Mannes möglicherweise auf ein berühmtes mittelalterliches Gedicht von Walther von der Vogelweide (um 1170 um 1230), in dem das lyrische Ich sich auf einem Stein sitzend Fragen über die richtige Lebensführung stellt. Während es aber in dem insgesamt drei Teile umfassenden Gedicht aus der Wende vom 12. zum 13. Jahrhundert um politische Anliegen geht, gelten die Gefühle und Gedanken des Protagonisten in „Die Ewigkeit des Augenblicks" der eigenen existenziellen Situation nach dem Tod seiner Frau. Nachdem ihm der Rechtsanwalt Dr. Biederstein durch Hinweise auf die hohen Scheidungszahlen die grundsätzliche Brüchigkeit von Ehen vor Augen geführt und damit auch die Trauer von Michael Denninghoff um seine Frau Kathrin relativiert hat, ist dieser so verstört, dass er sich umgehend zum Teltowkanal begibt. Schon während der Fahrt dorthin bemerkt er einen „Schwarm Krähen" (41), dem er eilig folgt, um noch vor acht Uhr an seinem gewohnten Beobachtungspunkt zu sein. Obgleich er sich verspätet, erfüllt sich seine Hoffnung, die Krähen noch sehen zu können:

> „Noch vor der Dunkelheit, aber so, dass man sie deutlich erkennen konnte und als müssten sie die Zeit, die sie der zögerliche Flug gekostet hatte, nachholen, tauchten sie über den Kronen der Bäume auf. Einige von ihnen scherten aus, und obwohl diese Begegnung, dann war der Schwarm wieder verschwunden, nur wenige Sekunden dauerte, spürte Denninghoff, wie erleichtert er war." (41f.)

Die Vögel sind hier nicht auf ihre zoologischen Eigenschaften beschränkt, sondern in den Augen des Protagonisten zeichenhafter Ausdruck einer außerhalb von ihm liegenden Bedeutung, die über naturwissenschaftliche Erklärungen weit hinausgeht. Auch in der Wahrnehmung des Bürgermeisters von Teltow, Andreas Schmittke, besitzen die Krähen eine übernatürliche Kraft, die ihm ganz persönlich gilt. Er fühlt sich von ihnen bedroht, verfolgt und schließlich besiegt, nachdem eine von ihnen sich, wie er im Wahn glaubt, in seinem Büro im Rathaus „eingenistet" (69) hat. Von Anfang an empfindet er einen nicht näher begründeten Widerwillen gegen die Rabenvögel, die er als nutzlose „Aasfresser" (51) und wegen ihrer Allgegenwart als „öffentliches Ärgernis" (54) ansieht, so dass er sie gegen den Widerstand des Stadtverordneten Dr. Wiede vom Naturschutz ausgenommen wissen will.

Auseinandersetzung mit der Vergänglichkeit und Nichtigkeit des Daseins

Das kurze Erscheinen vorüberfliegender Vögel am Himmel als Bild des endlichen Lebens

Für den „Bürger-
meister von
Teltow" wird die
Krähe zum bösen
Geist seines
falschen Lebens

Insgeheim aber hat der erfolgreiche Kommunalpolitiker seine Abwehrhaltung gegen den, wie der Umweltbeauftragte sagt, „außerordentlich scheu[en]" (54) Vogel so sehr verinnerlicht, dass ihm die Krähen keine Ruhe mehr lassen. Eine wachsende Furcht vor der direkten Begegnung mit dem für ihn unerträglichen Schreckensgegenstand seiner Fantasie hindert ihn daran zu überprüfen, ob „jenes Etwas" (56) oder „dieses gewisse Etwas" (67), das er im Inneren seines Wagens und dort in seinem Rücken „deutlich zu spüren glaubte" (56), tatsächlich eine Krähe ist. Nach zunehmend verzweifelten Versuchen, die Kontrolle über seine Gefühle und Gedanken wiederzuerlangen, kommt es zur Katastrophe, als der Gegenstand, den er bislang nur als Schatten wahrgenommen hat, nun konkrete Gestalt anzunehmen scheint:

Die Krähe im
Kopf: Künderin
des Endes aller
Lebensentwürfe

„Oder irrte er sich? War da nicht vom Korridor ein Geräusch zu hören? Es war ein leichtes Flügelschlagen, dann ein heiseres, unterdrücktes Krächzen. Und tatsächlich: Als wäre da ein Teltower Bürger, der um eine Auskunft bitten wollte, saß plötzlich ein Vogel auf der Schwelle zur Tür. Er hielt sich unbeweglich, hatte den Kopf zur Seite geneigt, als müsse er jenen, der ihm gegenüberstand, genauestens in Augenschein nehmen. Der Rücken war grau meliert, der Schädel schwarz. Unverkennbar: Es war ein ausgewachsener *Corvus corone cornix*." (67)

Allgegenwart
des Vogelmotivs in
den Novellen von
Hartmut Lange

In „Die Cellistin" und in „Der Schatten" fehlt das Motiv der Krähe, doch gibt es vage Hinweise auf ihre mögliche Präsenz. Als der Ich-Erzähler in der erstgenannten Novelle vergeblich nach der „junge[n] Frau" (98) sucht, deren Konzert ihn in der Einsamkeit der Landschaft verzaubert hat, nimmt er lediglich einen Vogel wahr, „der lautlos und mit ausgebreiteten Flügeln zwischen den Kronen der Bäume umherirrte" (101).

Wiederkehr des
schwarzen Vogels
im Bild des Schattens

In der anderen Novelle erinnert ein flüchtiger Schatten, der nur noch die Umrisse des zumeist abwesenden Ehemanns und Vaters Philipp Trautwein erkennen lässt, an die schattenhafte Anwesenheit der Krähen im Wagen des Bürgermeisters von Teltow. Dort verkehren sich die Vertrautheit ihres Anblicks („Ja, die Krähen aus der Familie der Rabenvögel. Jeder kennt sie [...]", 47) und ihre zoologische Bestimmtheit (Sie ähneln „dem *Corvus corax*" und „wirken wie ihr größerer Artgenosse, der Kolkrabe, vollkommen schwarz", ebd.) ins Gespenstische einer unbestimmten, schemenhaften Gestalt. Diese erscheint als geisterhaftes Wesen an einem ungewöhnlichen Ort („auf dem Rücksitz eines Autos", ebd.), das nur noch als „ein in sich geduckter, überaus schmaler Schatten" (ebd.) wahrgenommen wird.

Krähe und Rabe gelten in der Mythologie unter anderem als dem Tode nahe stehend, als Galgentier und als Teufelstier (vgl. Lurker 1991, S. 599). In der Bildersprache der Novellen von Hartmut Lange ist der Vogel Symbol für eine dämonische und zugleich faszinierende Macht, die dem Menschen wie im Falle des Taxifahrers Michael Dennninghoff in „Die Ewigkeit des Augenblicks" beim Übergang vom Leben zum Tod Geleit gibt. Oder sie ist Inbegriff einer imaginären, von innen her erfolgenden Bedrohung, die den Menschen wie im Falle des Bürgermeisters Andreas Schmittke in „Der Bürgermeister von Teltow" unmittelbar erfasst und verrückt werden lässt. In jedem der beiden Schicksale stehen die Rabenvögel in einem direkten Zusammenhang mit einer existenziellen Grenzsituation.

> Bezüge zur Mythologie: Rabenvögel galten als heilige Vögel, als übernatürliche Wesen, aber auch als Vorboten von Tod und Unheil und als Hexenbegleiter

Kunst

Kunstwerke als bedeutsame Intertexte

- In vier der fünf Novellen besitzen Gegenstände aus den Bereichen Literatur, Musik und Malerei eine zentrale positive oder negative Bedeutung für die jeweiligen Protagonisten.
- Die Novellensammlung *Das Haus in der Dorotheenstraße* stellt dar, wie Menschen durch die Begegnung mit Theaterstücken, Gemälden, vertonten Gedichten und Cellokompositionen eine einschneidende Erfahrung machen, die ihr Leben prägt.
- Ein gesonderter Aspekt des Umgangs mit Kunstwerken ist in den Novellen „Die Ewigkeit des Augenblicks" und „Die Cellistin" das problematische Verhältnis von Original und Kopie. Während in „Die Ewigkeit des Augenblicks" die Minderwertigkeit einer Bildreproduktion betont wird, bewertet die Erzählerfigur in „Die Cellistin" die technische Konservierung von Musik als einzigartige Möglichkeit zur Teilhabe an Kunstwerken unabhängig von Zeit und Raum.

Innerhalb der Novellen der Sammlung *Das Haus in der Dorotheenstraße* wird immer wieder auf herausragende

Zahlreiche auffällige intertextuelle Bezüge zu Kunstwerken in fast allen Novellen in *Das Haus in der Dorotheenstraße*

Kunstwerke Bezug genommen. Neben dem Theaterstück *The Tragedy of Othello, the Moor of Venice* von William Shakespeare in der Novelle „Das Haus in der Dorotheenstraße" (vgl. Lektürehilfe S. 28–31) sind dies das impressionistische Ölgemälde „Rue de Paris, temps de pluie" von Gustave Caillebotte in „Die Ewigkeit des Augenblicks", sodann das Lied „Eine Krähe war mit mir" aus dem Liederzyklus *Winterreise* des österreichischen Komponisten Franz Schubert in „Der Bürgermeister von Teltow". Besonders ausdrücklich ist der Verweis auf ein Meisterwerk der Musik in „Die Cellistin", wo Edward Elgars Cellokonzert op. 85 in einer Aufnahme mit der Cellistin Jacqueline du Pré erwähnt wird. Der Ich-Erzähler räumt allerdings ein, dass die Melodie, die er in der Abgeschiedenheit „eine[r] Art Talkessel" wie in einem „Freilichttheater" (98) hört, auch aus der Komposition *Silent Woods* für Cello und Klavier von Antonín Dvořák stammen könnte. Beim weiteren Zuhören erkennt er zusätzlich eine Melodie des italienischen Komponisten Luigi Boccherini (1743–1805). Die Novelle „Der Schatten" bildet eine Ausnahme, denn sie enthält im Gegensatz zu den vier vorausgehenden Erzählungen keine Verweise auf bemerkenswerte Kunstwerke.

Gegensatz von Natur und Kultur: Kunstwerke haben eine sinn- und erkenntnisstiftende Bedeutung, während die Natur ohne Bedeutungszusammenhang erscheint

Die erwähnten sind insofern Schlüssel zum Verständnis der jeweiligen Novellen, als sie für die Hauptpersonen eine elementare Bedeutung besitzen. Michael Denninghoff fliegt sogar eigens nach Paris, um dort – freilich vergebens – noch einmal das Gemälde „Rue de Paris, temps de pluie" („Straße in Paris an einem regnerischen Tag") im Original zu sehen, dessen Kopie in Form eines Plakats er nach dem Tod seiner Frau nicht aufbewahrt hat. Das anlässlich einer Werkschau des französischen Impressionisten Gustave Caillebotte im Grand Palais gezeigte Bild aus dem Jahre 1877, das sich im Besitz des Art Institute of Chicago befindet, zeigt Passanten mit geöffneten Regenschirmen auf der Rue de Turin, unter ihnen ein Paar, das wegen seiner Position im Vordergrund die besondere Aufmerksamkeit des Betrachters weckt. Bei einem gemeinsamen Ausstellungsbesuch hatte Kathrin, die Ehefrau von Michael, die beiden Personen auf dem Gemälde mit einer Bemerkung kommentiert, an die sich Denninghoff durch ihren pointierten

Bezug zur Wirklichkeit seiner Partnerschaft mit Kathrin fortwährend erinnert:

> „Sieh nur', hatte sie gesagt, ‚die zwei wirken überaus lebendig, verharren aber in ein und derselben Haltung. Es gibt eine Ewigkeit des Augenblicks.'
> Denninghoff war voller Zuversicht. Denn was für die Malerei galt, warum sollte dies nicht auch für jenes kurze Zusammensein vor dem Gemälde mit dem Goldrahmen gelten." (32)

Die beiden Eheleute sprechen hier der künstlerischen Momentaufnahme einer Straßenszene im klassizistischen Paris die Qualität einer philosophischen Aussage zum Wesen des Seins zu. Und so, wie die Begegnung mit einem originalen Meisterwerk der impressionistischen Malerei für das Liebespaar Denninghoff zum Moment der quasi-religiösen Offenbarung einer existenziellen Wahrheit wird, erfährt auch Andreas Schmittke in „Der Bürgermeister von Teltow" das Hören des Liedes „Die Krähe" (1827) aus Franz Schuberts *Winterreise* als eine Erschütterung seines bisherigen bürgerlichen Lebensalltags:

Klassizismus: Kunstepoche um 1770–1840

Franz Schuberts Lied „Die Krähe" als Auslöser eines Schocks

> „Was soll das!', rief Andreas Schmittke und saß kerzengerade in seinem Bett.
> Und auch als seine Frau hochschreckte und versuchte, ihn zu beruhigen, war er außerstande zu erklären, warum er sich den Kopfhörer heruntergerissen hatte. Auch die beiden Töchter hatten seinen Schrei gehört. Sie standen verstört in der offenen Tür." (59)

„Die Krähe" ist eines von 24 Gedichten von Wilhelm Müller (1794–1827), die der österreichische Komponist Franz Schubert (1797–1828) für den romantischen Liederzyklus *Winterreise* auswählte, welcher die menschliche Existenz als Passionsweg darstellt. Im Mittelpunkt steht ein Wanderer, der als lyrisches Ich von seiner Reise durch die Welt erzählt, einer Reise, die im Verlauf ihrer Stationen immer ziel- und hoffnungsloser erscheint. Im 15. Lied wendet sich das Ich an eine Krähe, von der es seit einer Weile ununterbrochen begleitet und zu einer doppelten, bloß rhetorisch zu verstehenden Frage veranlasst wird:

Ein Lied, in dem die Krähe als Aasfresser erscheint

> *„Krähe, wunderliches Tier, / Willst mich nicht verlassen? / Meinst wohl bald als Beute hier / Meinen Leib zu fassen?"*
> (57)

Der unverkennbare Hinweis auf das nahe Lebensende verdichtet sich in den letzten zwei Versen der insgesamt drei Strophen mit einem Ausruf in der Form eines Befehls, der resignativer Ausdruck einer Todessehnsucht ist:

„Krähe, lass mich endlich sehn / Treue bis zum Grabe!" (58)

Durch das Entsetzen, das diese todessüchtigen Worte bei dem Bürgermeister von Teltow auslösen, wird klar, dass er sich in einem quälenden Zustand fortwährender Todesangst befindet. Im Unterschied zu Andreas Schmittke in „Die Ewigkeit des Augenblicks" überlässt er sich nicht dem suggestiven Bann der Rabenvögel, sondern reagiert mit Panik auf das unheimliche Tier, das sich schließlich, wie er meint, „für längere Zeit" (69) in seinem Büro einzurichten anschickt.

Für den Ich-Erzähler in „Die Cellistin" ist die Begegnung mit einer schon lange verstorbenen Musikerin nur vorübergehend ein Grund zur Beunruhigung. Nachdem er die Frau als „die berühmte englische Cellistin mit dem französischen Namen" (99) identifiziert hat, sucht er die Gegend, in der er den Klang ihrer Musik erstmals vernommen hat, zwar eine Woche lang nicht mehr auf, aber dann zieht es ihn „doch wieder" (101) dorthin, wo er sie zuletzt sah.

Edward Elgars Cellokonzert op. 85: Nostalgischer Abgesang auf die alte Zeit, der zum Auslöser einer Glückserfahrung wird

Das Interesse des Ich-Erzählers gilt aber weniger einer toten Frau, sondern vielmehr dem unverwechselbaren Klang von Edward Elgars Cellokonzert op. 85 in dessen Interpretation durch Jacqueline du Pré ab 1962. Erst diese hatte die Komposition zu einem Bestseller der modernen klassischen Musik werden lassen, nachdem sie zuvor über Jahrzehnte hinweg unbeachtet geblieben war. Der Brite Elgar (1857–1934) schrieb das Werk 1918/19 unter dem Eindruck der Artilleriegefechte in Frankreich, deren Lärm er im Ersten Weltkrieg von der britischen Insel aus über den Ärmelkanal hinweg gehört hatte. Mit seinem elegischen Ton und seiner düsteren Stimmung ist das Stück resignativer Ausdruck des Abschieds von der Zeit des 19. Jahrhunderts und seinen Kunstformen.

Die Häufigkeit, mit der in Hartmut Langes Novellen einzelne Werke der Literatur, Musik und Malerei Gegenstand der Auseinandersetzung des Menschen mit sich und der Welt sind, rückt die Kunst selbst in den Vordergrund. Die Novellensammlung *Das Haus in der Dorotheenstraße* ist daher zugleich eine literarische Beschäftigung mit der Frage, in welcher Weise und in welchem Ausmaß die Beschäftigung des Menschen mit Kunst eine identitäts- und sinnstiftende Funktion besitzen kann. Bietet sie dem Einzelnen und der Gesellschaft einen Zugang zum Verständnis und zur Transzendierung des individuellen und des kollektiven Daseins? Durchbricht sie überkommene und inadäquate Denk- und Verhaltensmuster?

Langes Novellensammlung als Wegweiser zur Bedeutung von Kunst für den Menschen

Ein untergeordneter, aber nicht unwichtiger Aspekt der kunsttheoretischen Erwägungen in den Novellen von Hartmut Lange ist die Unterscheidung von Original und Artefakt. Sowohl die Protagonisten in „Die Ewigkeit des Augenblicks" als auch diejenigen in „Der Bürgermeister von Teltow" und „Die Cellistin" greifen in Ermangelung des eigentlichen Kunstwerks auf banale Ersatzgegenstände zurück. Michael und Kathrin Denninghoff hängen das Gemälde „Rue de Paris, temps de pluie" in der Form eines Plakats in ihrem Wohnzimmer auf und reagieren zugleich ernüchtert auf dessen trübe Wirkung, die in einem direkten Gegensatz zu der ursprünglichen Begeisterung steht.

Unterschiedliche Beschäftigung mit dem Unterschied von künstlerischem Original und technischer Reproduktion

Variante 1: Das Plakat mit dem Gemälde von Caillebotte entfaltet nicht die ergreifende Wirkung des Originals

> Er wusste noch, „dass sie nach dem Abendessen, die Kaffeetasse in der Hand, davor gestanden hatten, um es zu betrachten. Sie wirkte nachdenklich, vielleicht weil da, und auf so beiläufige Weise, eine unwiderstehliche Tristesse herrschte und außer aufgespannten Regenschirmen und umherirrenden Passanten nichts weiter zu sehen war." (23)

Ganz anders verhält sich die Sache in „Die Cellistin". Indem der Ich-Erzähler inmitten der ‚Wildnis' „einen CD-Player samt Lautsprecher" (102) aus seiner Aktentasche zieht und „die CD mit dem Cellokonzert, dem Opus 85 von Edward Elgar" (ebd.) in Gang setzt, provoziert er mithilfe eines Ersatzes das Wiedererscheinen der genialen Künstlerin Jacqueline du Pré. Dass sie in dem Augenblick verschwindet, in dem der CD-Player „samt Box in die Tiefe gerissen" (104) wird, belegt, dass die vermeintliche personale Anwesenheit nur eine Halluzination ist. Das hindert den Erzähler nicht daran, weiterhin an den ‚Zauber' der CD zu glauben, die zwar „nur ein Stück Plastik" (ebd.) ist, jedoch die Aura der einzigartigen Musik von du Prés Interpretation des Cellokonzerts bewahren hilft.

Den Begriff der „Aura" verwendet der Philosoph Walter Benjamin (1892–1940) in seinem Aufsatz *Das Kunstwerk im Zeitalter seiner technischen Reproduzierbarkeit* aus dem Jahre 1936, dort allerdings eben genau im entgegengesetzten Sinn als Merkmal eines Original-Kunstwerks und nicht als Merkmal von dessen Kopie. Benjamin zufolge zeichnet sich ein echtes Kunstwerk durch das unverwechselbare „Hier und Jetzt" aus, d.h. durch „sein einmaliges Dasein an dem Orte, an dem es sich befindet" (Benjamin 1977, S. 11). Durch seine Vervielfältigung hingegen verliert es seine „Einmaligkeit und Dauer", um stattdessen den Charakter eines Produkts anzunehmen, das durch „Flüchtigkeit und Wiederholbarkeit" (ebd., S. 15) gekennzeichnet ist.

Damit erklärt sich, warum die ursprüngliche Begeisterung von Michael Denninghoff und seiner Frau Kathrin angesichts von Gustave Caillebottes Gemälde völliger Ernüchterung und Enttäuschung weicht, als sie in ihrer Wohnung vor dessen Abbild stehen. Indem Benjamin die „Aura" (ebd., S. 13) des echten Kunstwerks mit seiner ursprünglichen Funktion als sakraler Kultgegenstand erklärt, erhellt sich für die Leserinnen und Leser die gleichsam religiöse Dimension des pathetischen Satzes „Es gibt eine Ewigkeit des Augenblicks" (32). Denninghoffs Ehefrau kann die Transzendierung des Geschauten ins Unendliche nur erfahren, weil sie durch das echte Kunstwerk zutiefst berührt und angesprochen worden ist.

Variante 2: Eine Kopie ermöglicht die massenhafte Verbreitung des originalen Kunstwerks

In „Die Cellistin" erscheint dagegen die technische Reproduktion des originalen Kunstwerks idealistisch überhöht: Für den Ich-Erzähler dieser Novelle steht unzweifelhaft fest, dass die CD den einzigartigen Vorteil gewährt, dass Musikwerke nicht verloren gehen, sondern für die Nachwelt erhalten werden können. Mit der Möglichkeit der Tonaufnahme entsteht dem Menschen ein ungeheurer kultureller Zugewinn, der im Schlussteil der Novelle an einem Einzelfall verdeutlicht wird:

> „‚Es ist nur ein Stück Plastik‘, dachte ich. ‚Und kaum etwas wert. Aber es zaubert‘, dachte ich, ‚sowie man es zum Klingen bringt, eben jene menschenfreundliche Ewigkeit herbei, auf die die Cellistin offenbar nicht zu hoffen gewagt hatte.‘“ (104 f.)

Indem der Ich-Erzähler den magischen Wert seiner Kopie von Elgars Opus 85 hervorhebt, spricht er ihr eben jenen „Kultwert“ (Benjamin 1977, S. 18) zu, den Benjamin nur für das ‚echte‘ Kunstwerk geltend macht.

Welt- und Selbstverlust: Die Darstellung des Menschen

KURZINFO

Die innere Leere des Menschen in einer Welt ohne Sinn

- Mit Ausnahme von „Die Cellistin“ erzählen Hartmut Langes Novellen von Abstürzen des Menschen und von menschlichen Abgründen.
- Das private Unglück betrifft in erster Linie die äußerst sensible und damit auch fragile geistige, seelische und körperliche Beziehung von Mann und Frau. Die Novellen in *Das Haus in der Dorotheenstraße* erfassen Ursachen und Folgen, welche das Ende des gemeinsamen Glücks haben kann.
- Zu den unmittelbaren Ursachen gehören der Tod des geliebten Menschen („Die Ewigkeit des Augenblicks“), ein massiver Vertrauensbruch („Das Haus in der Dorotheenstraße“ / „Der Schatten“) sowie die einseitige Ausrichtung auf Beruf und Arbeit, die zu einer drastischen Vernachlässigung der Familie und zur schweren Erkrankung des Protagonisten führt („Der Bürgermeister von Teltow“).
- Zu den mittelbaren Ursachen zählen vor allem der mangelhafte Austausch von Gedanken und Gefühlen.
- Ein verstärktes Bedürfnis nach gesellschaftlicher Anerkennung und ein verminderter Umgang mit Frau und Kindern führen in „Der Bürgermeister von Teltow“ zur abnormen Fixierung auf ein inneres Gespenst. Varianten einer solchen pathologischen Entwicklung sind der Umschlag von naiver Selbstgewissheit in blinde Wut und Gewalt (Gottfried Klausen in „Das Haus in der Dorotheenstraße“) sowie die Selbstentmündigung und Selbstentwertung durch Anpassung an einen bindungsunfähigen Ehemann (Steffi Trautwein in „Der Schatten“).
- Die Hauptpersonen von Langes Geschichten verlieren sich selbst, weil schon zuvor eine äußerst problematische Beziehung nicht nur zum anderen, sondern auch zu sich selbst bestand. Spätestens im Moment der Katastrophe sind sie nicht mehr Subjekte ihres Handelns, weil sie schon lange vorher das Falsche und Unwahre in ihrem Leben verdrängt haben.

Lebenskrisen als zentrales Thema in Langes Novellen

Außer für den Ich-Erzähler in „Die Cellistin" lässt sich in Bezug auf die Protagonisten der anderen vier Novellen in *Das Haus in der Dorotheenstraße* feststellen, dass sie, bildlich gesprochen, einen tiefen Sturz erleben. Während der Ich-Erzähler in „Die Cellistin" diesen nur physisch und unbeschadet von einer „Anhöhe wie in einen Abgrund hinab" (104) erfährt, der in der komischen Darstellung alle Merkmale eines Slapsticks aufweist, öffnet sich der Abgrund für die anderen weder konkret noch mit einem glücklichen Ausgang. Vielmehr fallen sie aus dem gewohnten Lebensalltag heraus und stürzen in die Tiefen einer nicht mehr auslotbaren Wirklichkeit. Der Tod einer geliebten Person („Die Ewigkeit des Augenblicks"), das Ausgeliefertsein an eine Paranoia („Der Bürgermeister von Teltow"), der Treuebruch eines vertrauten Menschen („Das Haus in der Dorotheenstraße") oder der Vertrauensverlust gegenüber dem Ehepartner („Der Schatten") lösen bei den Betroffenen eine Krise der Lebenszuversicht und Selbstgewissheit aus.

Abschied von der Normalität („Die Ewigkeit des Augenblicks")

Für Michael Denninghoff, der die Gemeinschaft mit seiner Frau Kathrin in einem intimen Moment der spirituellen Ekstase in einem Pariser Museum als unendliches, wenn auch nur flüchtiges Glück erfährt (vgl. „Die Ewigkeit des Augenblicks", 32), bedeutet das plötzliche Lebensende von Kathrin einen brutalen Einschnitt. Indem der Protagonist den Beruf des Architekten aufgibt und Taxifahrer wird, zeigt sich, dass für ihn nun der Bau von Häusern und damit die Zentrierung des öffentlichen und privaten Lebens auf statische Orte des menschlichen Daseins keine Rolle mehr spielen. Stattdessen bevorzugt er mit dem Transport von Fahrgästen ein nomadenhaftes „Unterwegssein in einer Welt" (17) in einem Zustand der Unbehaustheit.

Rastlosigkeit, Ratlosigkeit und Verzweiflung („Der Bürgermeister von Teltow")

Auch der Bürgermeister von Teltow, Andreas Schmittke, lässt sich ohne Wissen seiner Familie in einem Taxi zum Büro und von dort wieder zurück zu seinem Bungalow fahren, als ihm der eigene Wagen wegen der möglichen Anwesenheit einer Krähe im Fahrzeuginneren unheimlich wird. Anstatt sich um die Belange der Einwohner zu kümmern, irrt er schließlich im eigenen Pkw „ziellos" (62) durch die Gegend, um den imaginären Vogel durch ungewohnte Fahrmanöver und durch Aufenthalte an abgelegenen Orten loszuwerden.

In „Der Schatten" ist es Philipp Trautwein, der aus beruflichen Gründen ständig mehr oder weniger lange Reisen unternimmt. Die eigentliche Hauptfigur der Novelle ist aber seine Frau Steffi, die ihren Mann wegen dessen Zurückgezogenheit fast nur noch als „flüchtige[n] Schatten" (109) wahrnimmt. Im Unterschied zu dem Bürgermeister von Teltow, der sich von dem Schatten einer Krähe verfolgt und bedroht fühlt, empfindet sie die schattenhafte Erscheinung ihres Mannes zunächst als Grund zur Beruhigung, bis sie dann doch wie der Bürgermeister Andreas Schmittke an sich selbst irre wird, als sie eines Nachts der fälschlichen Annahme erliegt, ihr Mann sei zu Hause (vgl. 116). Zuvor hat sie erfahren, dass er sich zu einem Zeitpunkt, als er sich angeblich auf Rügen aufhält, nicht dort ist, sondern dass er in Potsdam gesehen wurde (vgl. 113).

Vertrauensverlust, Entfremdung und Resignation („Der Schatten")

Wie Steffi Trautwein gerät auch Gottfried Klausen in „Das Haus in der Dorotheenstraße" in einen Zustand der Ohnmacht, als für ihn die Illusion einer intakten Partnerschaft zerbricht. Anstatt eines Schattens sind es diesmal die Stimme eines unbekannten Mannes und das Lachen seiner Frau, die ihn bei Anrufen aus London verstören, da sie ihm Anlass zu der Annahme geben, dass in Berlin Dinge passieren, auf die er nicht gefasst ist. Dabei setzen sich die negativen Ereignisse wie in einer Kettenreaktion fort, bis sie schließlich in einer mutmaßlichen Katastrophe enden: Gottfried Klausen tötet möglicherweise seine Frau und/oder deren Liebhaber, nachdem die für ihn unverständlichen Verhaltensweisen seiner Frau ihn über verschiedene Phasen der Verunsicherung in eine Gefühlslage versetzt haben, in der er sämtliche Grenzen überschreitet. Gleich der ungeheuer destruktiven Kraft des isländischen Vulkans Grimsvötn, dessen Aschewolke den nordwesteuropäischen Flugverkehr für mehrere Tage behindert und tatsächlich auch verhindert haben, entwickelt sich die seelische Verletzung des Protagonisten vermutlich hin zum Ausbruch unterdrückter Gefühle und zum Verlust der Kraft der Vernunft. In einem bildlichen Sinn entspricht die Zerstö-

Seelische Erschütterung und Verlust der Selbstbeherrschung („Das Haus in der Dorotheenstraße")

rung der ehelichen Beziehung dem Aschefeld des Vulkans, „das alles unter sich begraben hat" (92).

Kommunikationsprobleme: Fehlen echter Gespräche, Schweigen, Geheimnisse, Lügen, Selbstbezogenheit, Mangel an Empathie

Eine der Ursachen für die jeweiligen Desaster ist die Sprachlosigkeit der Akteure. Der Unwille oder auch die Unfähigkeit zur Kommunikation bestimmt etwa die Telefonate zwischen Gottfried Klausen und seiner Frau Xenia. Die beiden reden zu Beginn der räumlichen Trennung zwar noch, sprechen aber nicht wirklich miteinander. So erklärt Xenia zwar einmal ihr Bedauern darüber, dass sie am Vortag telefonisch nicht erreichbar gewesen sei, nennt „aber keine Gründe" (80) dafür. Wenn hingegen Gottfried in demselben Gespräch seine an Xenia gerichtete Aufforderung, endlich nach London zu kommen, damit motiviert, dass es für ihn schwierig sei, „in einer fremden Umgebung, in einer Stadt, an die er sich erst gewöhnen müsse, immer allein zu sein" (80), so betrifft diese Äußerung zwar sein persönliches Empfinden, doch stellt es keinen direkten Bezug zu der Ehefrau her, da er ihr beispielsweise nicht seine Sehnsucht mitteilt.

Ebenso kündigt er in einem weiteren Telefonat zwar an, dass er „möglichst bald nach Berlin [...] fliegen" (83) werde, begründet sein Heimweh aber mit dem Bedürfnis, „endlich wieder einmal auf der Nathanbrücke [...] stehen" (83) zu können. Die männlich dominierte Einseitigkeit seines Redens verkehrt sich in ihr Gegenteil, als Xenia nicht mehr selbst an den Apparat geht, wenn er anruft. Von da an ist sie es, die seine Kontaktversuche nicht nur einfach ignoriert, sondern ihn auch provoziert, indem sie sich nur durch ihr Lachen zu erkennen gibt und an ihrer Stelle einen Mann antworten lässt.

Nahezu völlig versiegt ist das innerfamiliäre Gespräch in der Novelle „Der Schatten". Philipp Trautwein muss zwar als „Hotelberater" (109) schon aus beruflichen Gründen viele Gespräche führen, doch zu Hause ist die Kommunikation stark eingeschränkt. „[H]in und wieder" (114) geschieht es, dass es zu einem Austausch von Informationen und Gedanken kommt:

> „Dann tranken sie zusammen einen Kaffee oder ein Glas Wein, und nun wurde ausgiebig darüber gesprochen, was jeder den Tag über erlebt hatte, und wenn dann auch noch Laura, die die Stimme des Vaters gehört hatte und die schon im Pyjama war, mit ins Zimmer trat, konnte man sicher sein, dass bald, weil der Vater so guter Laune war, alle herzlich lachen." (114)

Die Unbekümmertheit und Heiterkeit des Zusammenseins verdeckt die Tatsache, dass Philipp Trautwein ein Eigen- und Doppelleben führt, das sich der Kenntnis der anderen Familienmitglieder entzieht. Die Doppelbödigkeit der Kommunikation tritt besonders hervor, als der Ehemann seine ausdrückliche Zusage, stets über Handy erreichbar zu sein und außerdem seine Frau am Folgetag seines Versprechens nachmittags in deren Geschäft in Potsdam zu besuchen, schon kurz darauf bricht. Den Lügen des Mannes steht das Schweigen der Frau gegenüber, die auch bei konkreten Hinweisen auf eine Unwahrheit nicht nachfragt. Trotz seiner falschen Angabe, auf der Ostseeinsel Rügen zu sein (vgl. 113), stellt sie ihn nicht zur Rede. Steffis Selbstbetrug mündet in eine Selbstaufgabe: Der Schluss der Novelle suggeriert das Einverständnis der Protagonistin mit dem Status quo der Ehe.

Steffi Trautwein toleriert die Unzuverlässigkeit ihres Mannes und willigt in das Zusammenleben mit ihm ein, obwohl er sie betrügt

Ganz im Gegensatz dazu war die Ehe von Michael und Kathrin Denninghoff durch das Glück der Zweisamkeit und des Zwiegesprächs geprägt. Hatten sie „irgendwelche Sorgen, dann konnte es vorkommen, dass sie nächtelang am Küchentisch saßen und redeten" (21). Ausführlich berichtet die Novelle „Die Ewigkeit des Augenblicks" auch von stummen Szenen eines „ganz selbstverständliche[n] Beisammensein[s], das beiden das Gefühl gab, man könne sich aufeinander verlassen" (22). Nach dem Tod seiner Frau bleibt dem Protagonisten anstelle der ursprünglichen Fülle an Worten und Gesten der Zuneigung nur die gedankenschwere Leere seiner einsamen Fahrten durch Berlin. Das einzige wichtige Gespräch, das er in der Zeit der erzählten Gegenwart führt, nämlich dasjenige mit dem jetzigen Bewohner der Wohnung, in der er mit Kathrin gelebt hat, löst bei ihm offenkundig einen Akt der Verzweiflung aus: Nachdem ihm der Rechtsanwalt Dr. Biederstein die Illusion eines dauerhaften Glücks genommen hat, verliert sich Denninghoffs Spur an einem Ort im Niemandsland am Stadtrand von Berlin.

Gegenbeispiel: Michael und Kathrin Denninghoff schätzen die intime Vertrautheit ihrer Beziehung

Andreas Schmittke verschweigt seine Wahnvorstellungen und seine Angst vor dem Verrücktwerden

Ganz anders liegt das Problem bei dem Bürgermeister von Teltow, der seine grauenhafte Furcht vor der Verfolgung durch ein Gespenst seiner Fantasie nicht mitteilen will oder kann. Nach vergeblichen Versuchen, sich selbst zur Vernunft zu rufen („Wie komme ich überhaupt dazu, mich […] mit diesem Unsinn zu beschäftigen", 59), muss er sämtliche Aktionen zur Befreiung von der imaginären Allgegenwart einer Krähe vor anderen Menschen verheimlichen. In seinem verzweifelten Kampf gegen das Schattenwesen in seinem Kopf bleibt er auf sich gestellt. Er vermag die panische Angst davor, den Verstand zu verlieren, nicht zu äußern, denn ein privates oder öffentliches Eingeständnis seines Verfolgungswahns würde die Ordnung seines bisherigen Lebens zerstören und ihn persönlich vernichten.

Verlust der Identität

Alle hier aufgezählten Figuren sind Menschen, die „am Rande eines gefährlichen Abgrunds wandeln und am Ende irgendwie verschwinden" (Demet 2003, S. 19). Der Begriff des Verschwindens ist dabei mitunter konkret gemeint, wenn etwa der Taxifahrer Michael Denninghoff am Schluss von „Die Ewigkeit des Augenblicks" am Ufer des Teltowkanals tatsächlich physisch nicht mehr auffindbar ist.

Innere Lähmung und äußere Erstarrung

Allgemein bedeutet das Verschwinden der Hauptfiguren mit Ausnahme des Ich-Erzählers in „Die Cellistin" eine abstrakt zu verstehende Auflösung der Individualität in einer schattenhaften Existenz. Sowohl Andreas Schmittke („Der Bürgermeister von Teltow") als auch Steffi Trautwein („Der Schatten") erstarren sozusagen in einer Geste der Vergeblichkeit. Während der eine, nachdem er die Tür seines Büros geschlossen hat, alleine mit sich und mit dem Wahnbild eines *Corvus corone cornix* zurückbleibt, sitzt die andere „in ihrem Sessel im Wohnzimmer" (125) und wartet auf den Schatten ihres Mannes, den sie „für unverzichtbar" (ebd.) hält. Beide Personen verharren in einem Raum, wo sie zu Gefangenen ihrer geistigen und seelischen Ver(w)irrungen werden. Das jeweilige Schlussbild suggeriert, dass sie bis in alle Zeit von ihren Ängsten abhängig bleiben. Während es für die Frau „längst entschieden" (ebd.) ist, dass sie die Bindung an den ihr fremd gewordenen Ehemann aufrechterhalten wird, verliert der Mann die Kontrolle über sein Handeln, als sich die Krähe, wie er glaubt, „für längere Zeit" (69) bei ihm einrichtet.

Mit seiner Abreise von London nach Island entschwindet auch Gottfried Klausen aus dem Wahrnehmungsbereich des auktorialen Erzählers und damit aus demjenigen des Lesers. Wohin ihn die Wut und der Schmerz über den Liebesverrat seiner Frau treiben, weiß also niemand, doch legt der letzte Teil der Novelle die Vermutung nahe, dass er es ist, der eines Nachts das „hell erleuchtet[e]" (93) Haus in der Dorotheenstraße betritt und dort möglicherweise blutige Rache übt. Die Dunkelheit, in die der letzte Satz der Novelle das Haus eintaucht, lässt aber das dortige Geschehen und ebenso die Frage offen, ob auch Klausen zum Opfer und zum Gefangenen seiner existenziellen Verstörung wird.

Gottfried Klausens Verschwinden versinnbildlicht die Selbstaufgabe des Ich und dessen mögliche Auflösung im Wahn

In wirkungsästhetischer Hinsicht überträgt sich damit die „Gewissheit der Ungewissheit" (Kleinschmidt 2003, S. 30), welche die Lebenssituation der Protagonisten prägt, auf die existenzielle Situation des Lesers, der das Unheimliche in den Geschichten von Lange ebenfalls als das Unerklärliche miterlebt, das ihn ratlos zurücklässt. In ihrer Preisrede zur Verleihung des Italo-Svevo-Preises 2003 an Hartmut Lange fasst die Schriftstellerin Monika Maron (*1941) diesen Sachverhalt mit folgenden Worten zusammen:

Verunsicherung des Lesers als Erzählstrategie

> „Ein Schlüssel zu Hartmut Langes Werk ist die Irritation, sowohl der Begriff als auch die Erfahrung, und zwar die Erfahrung des Autors wie die des Lesers, der, wenn er bis dahin vom Leben noch nicht irritiert war, es durch Hartmut Langes Novellen vielleicht wird, oder aber wenigstens von der Ahnung gestreift wird, wie fragil unsere Lebenskonstruktionen sind und wie millimetergenau wir uns in der Spur des Normalen bewegen müssen, um nicht in den Sog der Abgründe um uns herum zu geraten. […]
> Die Geschichten, von denen Hartmut Langes Novellen erzählen, geschehen wider den gesunden Menschenverstand; oder umgekehrt: der gesunde Menschenverstand wehrt sich gegen solche Geschichten. […]"
> Laudatio auf Hartmut Lange zur Verleihung des Italo-Svevo-Preises 2003 von Monika Maron, http://archive.is/dN2gi#selection-25.1-35.18, Zugriff 11.9.2017

Die Novellensammlung *Das Haus in der Dorotheenstraße* im Vergleich

Vergleichstext 1: Heinrich von Kleist, *Die Marquise von O…*

KURZINFO

Die Marquise von O… – Geschichte eines Geschlechterkampfes

- *Die Marquise von O…* ist eine Novelle von Heinrich von Kleist (1777–1811) aus dem Jahre 1808.
- Die Geschichte beginnt mit dem Vorgriff auf eine „unerhörte Begebenheit", die erst im weiteren Verlauf der Handlung eintreten wird: Die italienische Marquise von O… macht öffentlich ihre Absicht bekannt, den ihr unbekannten Mann zu heiraten, von dem sie ein Kind erwartet.
- Im Rückblick auf die Ereignisse, die zu diesem Ansinnen der Witwe und zweifachen Mutter aus bestem Hause geführt haben, erfährt die Leserin / der Leser, dass sie während eines Angriffs der russischen Armee auf die von ihrem Vater befehligte Festung von dem russischen Grafen F… vor den Zudringlichkeiten feindlicher Soldaten geschützt und in Sicherheit gebracht worden war. Am Ort ihrer Rettung hatte die Marquise das Bewusstsein verloren.
- Einige Zeit danach stellt sie Symptome einer Schwangerschaft fest, doch ignoriert sie diese zunächst.
- Obwohl Gerüchte vom Tod ihres heldenhaften Retters in Umlauf sind, erscheint der russische Graf unvermutet im Elternhaus der Marquise und drängt auf eine Heirat mit ihr. Von seinem Vorhaben lässt er sich kaum abbringen, bevor er schließlich doch auf eine vage Zusage der Marquise hin abreist, um seinen militärischen Verpflichtungen nachzukommen.
- Während seiner längeren Abwesenheit bestätigt sich bei der Marquise die Vermutung einer Schwangerschaft. Trotz ihrer Beteuerung, dass sie mit keinem Mann Geschlechtsverkehr gehabt habe, verstoßen die Eltern sie.
- Daraufhin zieht die Protagonistin mit ihren beiden Kindern in ein Landhaus, das sich in Familienbesitz befindet. Dort verwirklicht sie die Idee einer öffentlichen Bekanntmachung ihrer prekären Situation, um ihre sozialen Verhältnisse zu ordnen und von der Gesellschaft wieder anerkannt zu werden.
- An dieser Stelle setzt sich die Handlung fort, die zu Beginn der Novelle mit Hinweisen auf den skandalösen Plan der Marquise eingeleitet worden war.
- In Unkenntnis der Zeitungsanzeige erneuert der Graf F… gegenüber der Marquise seinen Heiratsantrag. Da dieser von der werdenden Mutter zurückgewiesen wird, nutzt er die Anzeige für eine schriftliche Antwort, in der er die Marquise ohne Angabe seines Namens zu einem Treffen auffordert.
- Inzwischen gelangt die Mutter zu der Überzeugung, dass ihre Tochter unschuldig ist und bezüglich der Versicherung, mit keinem Mann geschlafen zu haben, die Wahrheit sagt. Der Vater der Marquise bittet seine Tochter inständig um Verzeihung für sein brutales Vorgehen ihr gegenüber.

- Als der russische Graf F… zum vereinbarten Zeitpunkt auftaucht und sich als der Vater des ungeborenen Kindes zu erkennen gibt, reagiert die Marquise hart und abweisend.
- Gleichwohl kommt es zu einer Heirat zwischen ihr und dem Grafen, die allerdings per Vertrag eine eheliche Gemeinschaft ausschließt.
- Erst im Verlauf einer längeren Wartezeit ist es dem Grafen vor allem aufgrund erheblicher finanzieller Zusagen möglich, Zugang zu der Familie zu erhalten und von der Marquise angenommen zu werden.
- Nach einer zweiten, glücklichen Hochzeit verändern sich die Gegebenheiten zum Positiven. Aus der neu geschlossenen Ehe der verliebten Ehepartner gehen weitere Kinder hervor.

Die Marquise von O…, Witwe und bereits zweifache Mutter, sucht in einer Zeitungsanzeige nach dem Vater des Kindes, mit dem sie erneut schwanger ist. Das ‚Unerhörte‘ des Vorgangs besteht darin, dass sie in der Annonce öffentlich mitteilt, dass sie nicht um die Umstände wisse, unter denen das Kind gezeugt wurde, und dass sie den ihr demnach unbekannten Vater heiraten wolle, sobald dieser seine Identität preisgebe. Zum Zeitpunkt der Bekanntgabe ihres Ansinnens lebt die Tochter eines hochrangigen Militäroffiziers zurückgezogen auf einem Landsitz, nachdem ihre Eltern sie wegen der unehelichen Schwangerschaft des Hauses verwiesen haben.

> Der Skandal: Eine adlige Witwe, alleinerziehende Mutter zweier Kinder, macht ein privates und intimes Anliegen öffentlich

Diesem Ereignis geht Wochen zuvor ein dramatisches Geschehen voraus. Bei einem Angriff russischer Truppen auf die von ihrem Vater, dem Obristen von G…, befehligte oberitalienische Festung wird die Marquise von O… von russischen Soldaten entdeckt und an einen abgelegenen Teil des Schlossplatzes gebracht. Der drohenden Vergewaltigung entgeht sie nur knapp durch die Hilfe eines russischen Offiziers, der die eigenen Männer gewaltsam vertreibt und die Marquise an einen sicheren Ort geleitet, wo sie bewusstlos niedersinkt und auf Anweisung ihres Retters ärztlich versorgt wird.

Derselbe Offizier, der hochdekorierte Obristleutnant Graf F…, erwirkt bald darauf die Kapitulation des Festungskommandanten und beteiligt sich anschließend an den Löscharbeiten, um die Ausbreitung des Feuers und die dadurch drohende Explosion der vor Ort gelagerten Pulverfässer zu verhindern. Ihm gilt der ganze Dank der Marquise von O…, nachdem sie aus ihrer Ohnmacht erwacht ist und festgestellt hat, dass ihre Familie aus den Kämpfen unversehrt hervorgegangen ist. Ihr Vater wendet sich daraufhin persönlich an den russischen Grafen, um ihn um einen Besuch bei seiner Tochter zu bitten.

Beim Eintreffen des obersten Befehlshabers der russischen Truppen äußert der Vater der Marquise sich diesem gegenüber mit Worten des Dankes für den lebensrettenden Einsatz des Grafen F… Das veranlasst den russischen General, den Untergebenen antreten und von dem Vorfall berichten zu lassen. Der Graf F… verschweigt dabei jedoch die Namen der fünf Männer, die an dem Angriff auf die Marquise beteiligt waren. Diese werden jedoch durch andere Zeugen ermittelt und nach einem kurzen Verhör hingerichtet. Wenig später erfährt die Familie des Festungskommandanten, dass der Graf F…, der sich, wie es heißt, wegen des raschen Abzugs der russischen Truppen nicht mehr bei der Marquise von O… vorgestellt hat, bei anderweitigen Kämpfen von einer Kugel getroffen worden und mit den Worten „Julietta, diese Kugel rächt dich!" gestorben sei.

Nach der Eroberung des italienischen Forts muss die Familie des besiegten Kommandanten das Wohnhaus für den russischen Sieger frei machen und in eine städtische Wohnung umziehen. Dort äußert die Marquise von O… eines Tages in Abwesenheit ihres Vaters der Mutter gegenüber die Vermutung, dass sie schwanger sei. Beide Frauen verdrängen diese Wahrheit, indem sie sich über die Annahme lustig machen.

Bald nach diesem Gespräch taucht zur größten Überraschung der Familie völlig unvermutet der tot geglaubte Graf F… auf und erkundigt sich sofort in auffälliger Weise mehrfach nach dem Befinden der Marquise, bevor er ihr schließlich einen Heiratsantrag macht. Er erklärt, dass er während der Zeit, in der er von seiner lebensgefährlichen Verwundung genesen sei, unablässig an sie gedacht habe. Ungeachtet der großen Ungeduld, mit der er nun auf eine baldige Vermählung drängt, betont der

Hinrichtung der Soldaten, welche die Marquise von O… vergewaltigen wollten

Gerücht vom Soldatentod des Grafen F…

Anzeichen einer Schwangerschaft bei der Marquise von O…

Rückkehr und Heiratsantrag des tot geglaubten Grafen F…

Vater der Marquise, dass seine Tochter, die nach dem Tod ihres Mannes ursprünglich keine zweite Ehe eingehen wollte, noch ausreichend Zeit benötige, bevor sie die ihren weiteren Lebensweg bestimmende Entscheidung einer Wiederverheiratung treffen könne. Da der Graf eine solche zeitliche Verzögerung aus Gründen, die seinen geheimnisvollen Äußerungen nicht klar zu entnehmen sind, nicht akzeptieren will, sagt er sogar eine Dienstreise ab, um für die Dauer der folgenden Wochen bei der Familie des Kommandanten zu bleiben. Die hartnäckige Weigerung des Grafen, seinen momentanen beruflichen Verpflichtungen nachzukommen, löst bei der Familie sowohl große Verwirrung als auch die Befürchtung aus, dass er wegen seines Ungehorsams unehrenhaft aus dem Militärdienst entlassen werden könnte. Man drängt daher die Tochter zu einer sofortigen Zusage zu einer neuen Ehe, woraufhin der Graf tatsächlich abreist und über einen Zeitraum von mehreren Wochen hinweg in Neapel bleibt.

Drängen des Grafen F… auf eine rasche Heirat mit der Marquise von O…

Währenddessen bestätigen ein Arzt und eine Hebamme gegenüber der schockierten Marquise von O…, dass sie schwanger ist. Trotz ihrer heftigen Beteuerungen, mit keinem Mann verkehrt zu haben, verstößt die Familie sie. Der Vater fordert die Verzweifelte brieflich auf, das Haus zu verlassen. Als er sich sogar gewaltbereit zeigt und von ihr verlangt, die Kinder im Haus der Großeltern zurückzulassen, zieht sich die Marquise von O… mit den Kindern auf den Landsitz der Familie zurück. Empört über die Ungerechtigkeit, mit der man sie behandelt, sucht sie von dort über eine Zeitungsnachricht nach dem Vater des ungeborenen Kindes.

Endgültiger Befund einer vorliegenden Schwangerschaft

Bruch der Eltern mit ihrer Tochter

Rückzug der Heldin auf den Landsitz der Familie

Zum allgemeinen Erstaunen erklärt der Graf bei seiner Rückreise aus Neapel, dass er die Marquise trotz der „Schande", die sie „über die Familie gebracht" hat, ehelichen wolle. In dieser Absicht begibt er sich zu dem neuen Aufenthaltsort der Marquise von O…, um seinen Heiratsantrag zu wiederholen. Diese weist ihn jedoch mit den Worten „Ich will nichts wissen" zurück und verlangt von ihm, sich von ihr zu entfernen. Damit erscheint das Vorhaben des Grafen aussichtslos.

Erneuter Heiratsantrag des Grafen F…

Ablehnung des Antrags durch die Marquise

Am Abend desselben Tages macht der Forstmeister den Grafen F… auf die Zeitungsanzeige aufmerksam, in der seine Schwester den unbekannten Vater ihres ungeborenen Kindes erfragt und ihm ihre Hand verspricht, wenn er sich ihr offenbare. Der Graf antwortet darauf mit einer öffentlichen Nachricht von folgendem Wortlaut: „Wenn die Frau Marquise von O… sich, am 3ten … 11 Uhr morgens, im Hause des Herrn von G…, ihres Vaters, einfinden will: so wird sich derjenige, den sie sucht, ihr daselbst zu Füßen werfen." (Kleist 2004, S. 34) Während der Vater der Marquise die beiden Annoncen für eine gemeinsame betrügerische List seiner Tochter und des Vaters ihres Kindes hält, vertraut die Mutter weiterhin auf die Integrität ihrer Tochter. In der Absicht, deren Unschuld zu beweisen, begibt sie sich zu dem Landsitz, wo ihre Tochter, die eigentlich jeden Kontakt mit der Außenwelt meidet, sie mit Worten und Gesten einer überwältigenden Freude und Rührung empfängt.

Emotional aufgeladene Wiederbegegnung der Mutter mit ihrer Tochter

Bitte der Mutter um Verzeihung für das Unrecht, das sie ihrer Tochter angetan hat

Die Mutter bittet ihre Tochter zwar um Verzeihung für die Härte, die sie ihr gegenüber gezeigt habe, in Wirklichkeit jedoch will sie die Verzweifelte auf die Probe stellen, indem sie den Anschein erweckt, als ob der unbekannte Kindsvater sich bereits bei ihr und ihrem Mann geoffenbart habe. Da die Marquise von O… diesen angeblichen Besucher jedoch tatsächlich nicht kennt und immer wieder nach dessen Identität fragt, wird der Obristin schließlich bewusst, dass ihre Tochter völlig ahnungslos ist. Daraufhin bekennt sich die Mutter mit harten Worten der Selbstbezichtigung dazu, ihre Tochter mit einer „schändlichen List" (38) hintergangen zu haben.

Versöhnung der Marquise von O… mit dem schuldbewussten Vater

Auf die emotional aufwühlende Versöhnung von Tochter und Mutter folgt im elterlichen Wohnhaus diejenige mit dem Vater, der seine grausame Härte nun zutiefst bereut und von seiner Frau genötigt wird, bei der Tochter in einem Akt der Unterwerfung Abbitte zu leisten. Das anschließende Gespräch zwischen dem Kommandanten und der Marquise verläuft in Abwesenheit der Obristin und in einer Weise, welche die beteiligten Familienmitglieder in einen extremen und geradezu ekstatischen Zustand der Selbstentäußerung und der Rührseligkeit treibt.

Überbordende Gefühle im Kreis der Familie

Der Vorgang einer hochgradig aufgeladenen Szene wiederholt sich am Folgetag, als die Marquise von O… in Erwartung des unbekannten Vergewaltigers um 11 Uhr im Besuchszimmer des elterlichen Wohnhauses erfährt, dass soeben der Graf eingetroffen sei. Doch mit äußerst heftigen Gesten und Worten der Ablehnung weigert sich die Marquise, sich mit diesem zu vermählen. Ihre Eltern setzen sich über diese Willensäußerung hinweg, indem sie die kirchliche Hochzeit ihrer Tochter mit dem Grafen für den nächsten Tag festlegen. Der Widerstand der Marquise von O… gegen die Heirat wird erst gebrochen, als sich der Graf in einem Ehevertrag schriftlich verpflichtet, auf alle Rechte eines Ehemannes zu verzichten und zugleich alle Pflichten zu übernehmen.

Einwilligung in die Heirat mit dem Grafen F…, der auf alle Ansprüche eines Ehemanns verzichten muss

Im Sinne dieser Vereinbarung wahrt der Graf F… nach der Vermählung die räumliche Trennung von der Ehefrau sowie von deren gesamter Familie, bis er schließlich nach der Taufe seines neugeborenen Kindes und nach einer beträchtlichen finanziellen Schenkung zu Gunsten des Sohnes immer häufiger und schließlich täglich im Kreis der Familie verweilt.

Nach einem zweiten und diesmal einverständlichen Jawort der Marquise fragt der Graf sie nach dem Grund, weshalb sie am Tag seiner Selbstoffenbarung „vor ihm, gleich einem Teufel, geflohen wäre […]" (47). Mit der Antwort seiner nun glücklichen Frau endet die Novelle: „[E]r würde ihr damals nicht wie ein Teufel erschienen sein, wenn er ihr nicht, bei seiner ersten Erscheinung, wie ein Engel vorgekommen wäre."

Versöhnung der Eheleute und zweite Heirat

Von der Fremd- zur Selbstbestimmung: Die Geschichte einer außergewöhnlichen Frau

- Die Heldin von Kleists Novelle führt trotz des Todes ihres Ehemanns ein geordnetes und gesichertes Leben als alleinerziehende Mutter im Hause ihrer Eltern.
- Das weitere Schicksal der Marquise von O… steht im Kontext kriegerischer Ereignisse, die ihr Leben unmittelbar bedrohen. Sie entgeht nur knapp einem sexuellen Missbrauch durch feindliche Soldaten, bevor sie zum mutmaßlichen Opfer einer Vergewaltigung durch einen russischen Offizier wird.
- Die folgende Schwangerschaft lässt sie in den Augen ihrer Eltern als schuldige und verwerfliche Frau erscheinen, die den Anspruch auf familiäre Zugehörigkeit verwirkt hat.
- Die Heldin rebelliert gegen die maßlose Härte ihrer Eltern, indem sie deren Haus mit ihren Kindern verlässt und für sich und ihr Handeln die Verantwortung übernimmt. Damit löst sie sich vorübergehend aus dem patriarchalen und hierarchischen Gefüge der Gesellschaft, bevor sie mit einer zweiten Heirat in die soziale Ordnung zurückkehrt.
- In finanzieller und materieller Hinsicht bleibt sie jedoch weiterhin von der Familie abhängig. Die fehlenden Möglichkeiten zur Selbstversorgung tragen im weiteren Verlauf der Handlung zu Lösungsversuchen bei, mit denen die kritische familiäre und gesellschaftliche Situation der Marquise behoben werden kann.
- Nach einer Phase der völligen Verunsicherung durch zahlreiche verstörende Ereignisse (Bombenangriff, physische Angriffe auf ihre Person, ungewollte Schwangerschaft ohne erkennbaren Verursacher, Konflikt mit den Eltern) ergreift die Marquise im Landhaus die Initiative zur Wiederherstellung ihrer sozialen Integrität.
- Sie schafft sich durch bewusstes, willentliches und mutiges Handeln eine eigene Identität, die ihr neue Souveränität verleiht.

Die Novelle *Die Marquise von O…* aus dem Jahre 1808 ist die dramatische Geschichte einer jungen Mutter und Witwe, die unter zunächst rätselhaften Umständen erneut schwanger und daraufhin von ihren Eltern verstoßen wird. Erst in der Folge erklärt sich das skandalöse Ereignis mit der Vergewaltigung der Tochter eines hochrangigen Militärangehörigen durch einen russischen Offizier, der sie zuvor gegen die Bedrohung durch andere russische Soldaten geschützt hat. Dieser Offizier setzt schließlich erfolgreich alles daran, um das von ihm verübte Verbrechen durch ein Selbstbekenntnis und eine Heirat mit dem Opfer rückgängig zu machen.

Eine Geschichte von Schuld und Sühne und einer traumatischen Erfahrung

Als „Dame von vortrefflichem Ruf" (Kleist 2004, S. 3) entkommt die Marquise von O… während eines Angriffs russischer Truppen auf die oberitalienische Zitadelle, die ihr Vater als Festungskommandant befehligt, nur knapp dem Kugelhagel, gerät aber in die Hände „feindlicher Scharfschützen" (4), die sie „unter abscheulichen Gebärden" wegschleppen und „schändlichsten Misshandlungen" (ebd.) aussetzen, bevor der russische Offizier Graf F… „die Hunde" zerstreut, einem „letzten viehischen Mordknecht" (5) das Opfer entreißt und es in Sicherheit bringt. Die selbstlose Tapferkeit und der ausgesuchte Edelmut, die den Retter auszeichnen, verbergen jedoch nicht lange seine wahre Natur, als er die Hilflosigkeit der Frau ausnutzt, um sie, wie es scheint, sexuell zu missbrauchen. Mit dem „berühmtesten Gedankenstrich der deutschen Literatur" (Schmidt 1998, S. 68) markiert der Autor den Moment, in dem dies geschieht. Der russische Offizier bot

> „der Dame, unter einer verbindlichen, französischen Anrede den Arm, und führte sie, die von allen solchen Auftritten sprachlos war, in den anderen, von der Flamme noch nicht ergriffenen, Flügel des Palastes, wo sie auch völlig bewusstlos niedersank. Hier – traf er, da bald darauf die erschrockenen Frauen erschienen, Anstalten, einen Arzt zu rufen; versicherte, indem er sich den Hut aufsetzte, dass sie sich bald erholen würde; und kehrte in den Kampf zurück." (5)

Als die Anzeichen einer Schwangerschaft trotz aller Zweifel nicht mehr zu ignorieren sind, erfolgt die Ächtung der werdenden Mutter durch deren Familie, die zu dieser Zeit um ihr gesellschaftliches Ansehen fürchten muss. Sie wird von ihrer eigenen Mutter mit extremen Worten der Verachtung beschimpft („geh! geh! du bist nichtswürdig! Verflucht sei die Stunde, da ich dich gebar!", 25) und mit einer schriftlichen Mitteilung unter Hinweis auf die ultimative Entscheidung des Vaters verstoßen:

> „Herr von G… wünsche, unter den obwaltenden Umständen, dass sie sein Haus verlasse. Er sende ihr hierbei die über ihr Vermögen lautenden Papiere, und hoffe, dass ihm Gott den Jammer ersparen werde, sie wiederzusehen." (26)

Trotz aller Unschuldsbeteuerungen und trotz aller Bemühungen, das Herz ihres Vaters zu erweichen, will „der Kommandant sie nicht sehen" (27). Er verweigert in

Die Frau als Opfer kriegerischer und sexueller Gewalt

Doppelnatur des Mannes: Edelmann und Vergewaltiger

Doppelnatur des Elternhauses: Ort der emotionalen Geborgenheit sowie Tatort häuslicher psychischer und physischer Gewalt

einem Akt „autoritärer Brutalität" (Schmidt 1998, S. 75) jegliche Kommunikation mit ihr und setzt an die Stelle der Sprache die Sprache der Gewalt, indem er eine Waffe einsetzt:

Hut (Vergewaltiger) und Pistole (Vater): Werkzeuge männlichen Machterhalts

„Der Kommandant wandte ihr, bei ihrem Anblick, den Rücken zu, und eilte in sein Schlafgemach. Er rief, als sie ihn dahin verfolgte, hinweg! und wollte die Türe zuwerfen; doch da sie, unter Jammern und Flehen, dass er sie schließe, verhinderte, so gab er plötzlich nach und eilte, während die Marquise zu ihm hintrat, nach der hintern Wand. Sie war sich ihm, der ihr den Rücken zugekehrt hatte, eben zu Füßen, und umfasste zitternd seine Kniee, als ein Pistol, das er ergriffen hatte, in dem Augenblick, da es von der Wand herabriss, losging, und der Schuss schmetternd in die Decke fuhr." (27)

Unterwerfung und Unterordnung der Tochter unter die Herrschaft des Vaters

Schon vor dieser gewalttätigen Eskalation des Vater-Tochter-Konflikts erweist sich das Verhalten des Kommandanten als Ausdruck einer patriarchalischen Haltung. Vertritt er anfangs noch die Interessen seiner Tochter, indem er deren Absicht, sich nach dem Tod ihres Mannes nicht erneut zu verheiraten, dem Grafen F… gegenüber als vorläufigen Hinderungsgrund für eine rasche Eheschließung vorträgt, so lässt sich jedoch bei dem ausführlichen Gespräch mit dem russischen Offizier erkennen, dass in erster Linie er und sein Sohn sowie seine Frau den Verlauf der Unterhaltung bestimmen. Diejenige Person, deren Angelegenheit in dem Gespräch verhandelt wird, bleibt hingegen nach ersten wenigen Worten durchgehend stumm, denn Eltern und Bruder reden an ihrer Stelle (vgl. 9–16).

Die Tochter und Frau als Objekt familiärer Interessen

Erst am Abend des ereignisreichen Tages setzt sich die Mutter, „da es finster ward", zur Marquise, die allerdings „mit vieler Emsigkeit, an einem Tisch arbeitete, und das Gespräch zu vermeiden" (16) scheint. Sie macht dem Vater lediglich Vorwürfe dafür, dass er den Grafen F… nicht zur Abreise veranlasst hat. Als ihr Bruder sie fragt, wie der Graf ihr denn, „was seine Person anbetreffe, gefalle" (18), bleibt sie eine klare Meinungsäußerung schuldig und beruft „sich auf das Gefühl der anderen" (ebd.). Mehr und mehr verdichtet sich dabei der Eindruck, dass die Familie eine Vermählung der Tochter und Schwester mit dem unbekannten, aber offenbar vermögenden und aus der Oberschicht seines Landes stammenden Mann unbedingt befürwortet und dabei die Gefühlssituation der Marquise weitgehend ignoriert.

Diese fühlt sich nach den militärischen Angriffen auf ihren Wohnort und den Übergriffen durch feindliche Soldaten auf ihre Person zunächst in Sicherheit, weil sie und ihre Familie vor weiterem Unheil bewahrt wurden. Doch schon bald darauf bringt sie die Nachricht vom Tod ihres Retters aus dem neugewonnenen seelischen Gleichgewicht und lässt sie „untröstlich" (8) sein. Als der Totgeglaubte einige Zeit später wohlbehalten auftaucht und „auf das ehrfurchtsvollste, inständigste und dringendste" (11) um ihre Hand anhält, reagiert sie fassungslos und fragt ihn, „ob er von Sinnen sei" (20).

Verdrängung der Vergewaltigung ins Unterbewusste, Entladung des Gefühlsstaus im völligen Verlust des inneren Gleichgewichts

Ein viel stärkerer Anlass für ihre wachsende Verunsicherung sind die sich mehrenden Anzeichen einer Schwangerschaft, die sie schließlich in Panik versetzen, als sowohl ein Arzt als auch eine Hebamme das Unglaubliche bestätigen. Die „unbegreifliche Veränderung ihrer Gestalt" (ebd.) stürzt sie in „lebhafteste Unruhe" (21). Der Befund lässt sie „wie vom Donner gerührt" (ebd.) dastehen und zwingt sie, ihrer Mutter gegenüber mit Worten und Gesten der Verzweiflung ihre Unschuld zu beteuern. Das Gefühlschaos, in dem sie sich befindet, ruft in ihr die Angst wach, „wahnsinnig" (25) zu werden, und veranlasst sie zu der blasphemischen Frage nach der Möglichkeit einer „unwissentlichen Empfängnis" (26). Der Zustand innerer Zerrissenheit wandelt sich zu maßlosem Entsetzen, als der russische Graf F… sich zu seiner Vaterschaft und damit zu der Vergewaltigung der Marquise bekennt.

Ein uneheliches Kind von einem unbekannten Vater: worst case der Schande und der Scham

Spätestens ab dieser Szene, in der die Heldin völlig die Kontrolle über sich selbst verliert, wird endgültig deutlich, dass die Ursache für ihr entfesseltes Reden und Handeln nicht allein in der Enthüllung der Identität ihres Vergewaltigers liegen kann. Auf die erste „Bestürzung" (43), mit der die Marquise auf die Nachricht reagiert, dass der Graf F… vorgefahren sei, folgt der Impuls, alle Türen zu verriegeln und sich auf diese Weise der Wahrheit gegenüber zu verschließen. Obwohl sie auf ihre Anzeige hin denjenigen Mann erwartet, wel-

Selbstschutz durch instinktive Abwehr der Realität

Offenlegung der Wahrheit als Bedingung für die Bewältigung einer dramatischen seelischen Krise

cher der bislang unbekannte Vater ihres Kindes ist, kann sie gerade die Erkenntnis, dass es sich bei diesem um den russischen Offizier handelt, nicht ertragen. Sie glaubt, „vor Verwirrung in die Erde zu sinken" (44), bis „Blässe des Todes ihr Antlitz" (44) überfliegt. Das beängstigend hysterische Verhalten ihrer Tochter veranlasst die Mutter zu dem wiederholten Ausruf „ich bitte dich, Julietta […]: wen erwarten wir denn –? […] Wen sonst, wir Sinnberaubten, als ihn –? […] Unglückliche! Was fehlt dir? Was ist geschehn, worauf du nicht vorbereitet warst?" (ebd.).

Damit spricht die Obristin, die im Gegensatz zu ihrem naiven Ehemann ein nüchternes Verhältnis zur Wirklichkeit besitzt, offen das aus, was im Geheimen schon lange bekannt und in den verschlüsselten Botschaften des Grafen F… längst verraten ist. Dieser begründet seinen ersten, ungestümen Heiratsantrag nicht nur als Wiedergutmachung für „die einzige nichtswürdige Handlung, die er in seinem Leben begangen" (12) habe, sondern stellt seine zwiespältige Beziehung zu der Marquise in der Beschreibung einer Traumszene dar, in der er einen Schwan mit Kot bewarf, „worauf dieser still untergetaucht, und rein aus der Flut wieder emporgekommen" (17) sei.

Traumdeutung als Weg zum Unterbewussten

Strategien zur Verdrängung eines schweren inneren Konflikts

Offensichtlich verdrängt die Marquise, deren bislang relativ geordnetes Leben durch die mysteriöse Schwangerschaft völlig in Unordnung geraten ist, die unwiderlegbaren Anzeichen eines Zeugungsaktes, dessen nähere Umstände unbestimmt sind. Als traumatisiertes Opfer einer sexuellen Gewalttat empfindet die Marquise eine solche Scham über das Geschehene, dass es für sie zu einem persönlichen Tabu geworden ist. Die unbescholtene Frau steht in einem unauflösbaren inneren Konflikt zwischen dem Bewusstsein der eigenen Unschuld und dem sicheren Gefühl, ein Kind zu erwarten. Die Bewältigung dieses Dilemmas setzt die Abwehr des als bedrohlich erfahrenen Ereignisses durch Strategien des Vergessens, des Verschweigens und des Verdrängens voraus.

Am Höhepunkt ihrer Auseinandersetzung mit der Realität ihrer Vergewaltigung durch den Grafen F… wendet die Marquise unwillkürlich eine weitere Strategie an: Sie dämonisiert den anwesenden Mann mit den Worten „auf einen Lasterhaften war ich gefasst, aber auf keinen --- Teufel!" (44) und besprengt ihre Familienmitglieder wie in einem exorzistischen Ritual mit Weihwasser (vgl. 45). Angesichts des extremen Verhaltens ihrer Tochter, die schließlich auch die Kommunikation mit den Eltern verweigert, treffen diese an ihrer Stelle eine Entscheidung:

> „Der Vater […] erklärte, dass sie ihr Wort halten müsse; verließ sie, und ordnete alles, nach gehöriger schriftlicher Rücksprache mit dem Grafen, zur Vermählung an. Er legte demselben einen Heiratskontrakt vor, in welchem dieser auf alle Rechte eines Gemahls Verzicht tat, dagegen sich zu allen Pflichten, die man von ihm fordern würde, verstehen sollte." (46)

Diese pragmatische Lösung des Konflikts nimmt der werdenden Mutter zwar die Freiheit eines selbstbestimmten Handelns, entbindet sie aber vorübergehend von der Notwendigkeit einer eigenen Entscheidung und öffnet einen Weg für die vernunftgeleitete Neugestaltung ihrer Zukunft. Schritt für Schritt kehrt sie zu einem bewussteren rationalen Umgang mit den anstehenden Aufgaben zurück: Nachdem sie sich „ein wenig beruhigt" hat, erklärt sie, dass „sie sich um 11 Uhr in der Augustinerkirche einfinden würde" (ebd.). In der Folgezeit akzeptiert sie die gelegentliche, sodann die häufige Anwesenheit des Grafen, bis sie ihm „ein zweites Jawort" gibt und „eine zweite Hochzeit" (47) feiert. Durch strenge Auflagen, denen sich der Graf bedingungslos unterwirft, stabilisiert sich der Gemütszustand der Marquise so weit, dass sie in eine Heirat einwilligen und schließlich doch eine glückliche Ehe führen kann.

Fremdbestimmung als Weg zur Selbstbestimmung

Die Sprache der Vernunft

Die Marquise durchläuft mit dem Bewusstseins- zugleich einen Reifungsprozess, bei dem sich ihr naives Menschenbild hin zu einem realistischen entwickelt. Sie lernt, „die Dialektik von Engel und Teufel zu ertragen" (Grathoff 1988, S. 127), indem sie sich der Wirklichkeit stellt, anstatt sich ihr gegenüber mit den Worten „Ich *will nichts* wissen" (31) zu verschließen. Sie fügt sich „der gebrechlichen Einrichtung der Welt" (47), so dass sie deren Widersprüchlichkeit akzeptiert.

Das Aushalten von Widersprüchen als Gradmesser persönlicher Reife

Selbstfindung
und Identitäts-
bildung durch
Selbstbefreiung
aus Zwangs-
situationen

Verlassen des
Elternhauses als
Bedingung für
die Unabhängig-
keit

Der eigentliche Wendepunkt hin zur Identitätsbildung vollzieht sich am Tiefpunkt ihres Daseins. Erst der Schuss des Vaters, in einer hilflosen Geste des unkontrollierten inneren Aufruhrs ausgelöst, lässt die zu Unrecht Beschuldigte zur Besinnung und zu einem neuen Selbstbewusstsein kommen. Voller Empörung verweigert sie die geforderte Überlassung ihrer Kinder in die Obhut ihrer Eltern und verlässt das Haus. Der Auslöser für ihre Revolte gegen das unmenschliche Verhalten ihres Vaters gleicht der sprichwörtlichen Reaktion einer Löwin im Einsatz für ihre Jungen. Der instinktive Reflex ihrer Empörung ist zugleich aber auch Auslöser für ihre Emanzipation. Der Schlüsselsatz zum Verständnis der Tragweite ihrer Selbstfindung lautet:

> „Durch diese schöne Anstrengung mit sich selbst bekannt gemacht, hob sie sich plötzlich, wie an ihrer eigenen Hand, aus der ganzen Tiefe, in welche das Schicksal sie herabgestürzt hatte, empor." (27)

Die Marquise bleibt so lange Objekt männlicher Herrschaft, bis sie sich selbst zum Subjekt ihres Handelns macht. Erst durch die Trennung von ihrer Familie und durch die kühne Initiative zur öffentlichen Ermittlung des Vaters ihres Kindes gewinnt sie die notwendige Eigenständigkeit, um sich dem Bannkreis der Eltern und des Bruders zu entziehen und die eigene Ohnmacht zu überwinden.

Die „unerhörte
Begebenheit":
Die alleinerzie-
hende Mutter
informiert die
Öffentlichkeit
über ihre unge-
wollte Schwanger-
schaft, deren
Umstände sie
nicht kennt

Die Annonce markiert einen wesentlichen Schritt zur Selbstermächtigung. In dem Augenblick, in dem die Marquise sich unter dem Eindruck ihrer fortschreitenden Schwangerschaft in einer Zeitungsanzeige zur Heirat mit dem unbekannten Vater bereit erklärt und diesen um sein persönliches Erscheinen bittet, zwingt sie sowohl ihre Familie als auch den Täter dazu, aktiv zu werden. Zumindest die Mutter hegt spätestens beim Lesen der öffentlichen Antwort, welche die Marquise auf ihre Anzeige hin erhält, massive Zweifel an der Schuld ihrer Tochter. Ihr Ehemann hingegen sieht die Unschuldsvermutung erst als erwiesen an, nachdem seine Frau „eine Seigerstunde [Stunde; Seiger bezeichnet die Uhr] gebraucht" (39) hat, um ihn von den Beweisen zu überzeugen. Umso heftiger fällt seine Reue aus: Seine einstige Brutalität wandelt sich in eine maßlose Sentimentalität, die zeigt, dass der Obrist von G… ein Mann ist, der trotz seiner Stellung als Familienoberhaupt und Festungskommandant ein geradezu kindisches und daher unreifes Verhalten an den Tag legt.

Widersprüche im Verhalten des Vaters

Erst bei der Regelung der ehelichen Verbindung seiner Tochter mit dem Grafen F… gewinnt der Vater seine einstige Autorität zurück. Diese gründet aber nun nicht mehr einfach auf seiner beruflichen und familiären Vorrangstellung, sondern diesmal auf der Fähigkeit zur Absicherung der persönlichen und rechtlichen Interessen seiner Tochter gegenüber dem neuen Ehemann.

Dieser hat sich durch seine Gewalttat und durch sein diffuses Auftreten gegenüber seinem Opfer so sehr diskreditiert, dass ein Happyend der Erzählung nicht mehr vorstellbar erscheint. Der Graf F… kehrt mehrere Monate nach der Vergewaltigung der Marquise zu deren Familie zurück. Während die Marquise noch zu diesem Zeitpunkt lediglich eine erste Ahnung von ihrer Schwangerschaft hat, scheint er die Ursache ihrer „Mattigkeit" (10) zu kennen, so dass das weitere Gespräch zwischen den beiden alle Merkmale einer Täuschung aufweist. Als der Graf F… ihr einen Heiratsantrag stellt, weiß die Marquise daher nicht, was sie „von dieser Aufführung" denken soll (vgl. ebd.).

Der Graf F…: Verkörperung der Dialektik von Gut und Böse

Die Hartnäckigkeit, mit welcher der eigens für die baldige Durchführung seines Vorhabens angereiste russische Offizier seine Heiratsabsichten vorträgt, lässt die Familie des Kommandanten umso ratloser sein, als der Brautwerber sich über alle Einwände gegen eine schnellstmögliche Hochzeit hinwegsetzt. Schließlich verschafft er sich sogar unerlaubt und heimlich Zutritt auf das Grundstück des Landgutes, wohin die Marquise sich mit ihren Kindern zurückgezogen hat. Als diese vor ihm aus dem Garten in das Haus flüchtet und die Tür verriegelt, überlegt er, „ob er durch ein, zur Seite offenstehendes Fenster einsteigen, und seinen Zweck, bis er ihn erreicht, verfolgen solle" (32).

Hartmut Langes Bühnenadaptation der Kleist-Novelle

Von Hartmut Lange stammt eine theatralische Umsetzung der *Marquise von O…* in der Komödie *Die Gräfin von Rathenow* aus dem Jahre 1969, in der nicht nur der italienische Schauplatz der Novelle nach Preußen und dort in die Zeit der Besatzung durch napoleonische Truppen verlegt ist; vielmehr veränderte Lange auch die ursprüngliche Frauengestalt, indem er die Gräfin, die von einem französischen Offizier erst gerettet und dann mit einer Vergewaltigung geschwängert wird, viel offensiver reagieren lässt (vgl. Grathoff 1988, S. 111).

Hartmut Langes Novellensammlung
Das Haus in der Dorotheenstraße* und Heinrich von Kleists *Die Marquise von O…

KURZINFO

Von der Selbstbefreiung (*Die Marquise von O…*) zur Selbstentfremdung des Menschen (Titelnovelle „Das Haus in der Dorotheenstraße")

- Beide Texte gehen von einer existenziellen Grunderfahrung aus: Das Leben konfrontiert den Menschen mit negativen Kräften, denen er sich stellen muss.
- Dem Weg zur Selbstbestimmung in *Die Marquise von O…* stehen in Hartmut Langes Novellensammlung vier Fälle von Selbstverlust entgegen.
- Während die Marquise auf die Doppelnatur des Menschen produktiv reagiert, scheitern Langes Protagonisten an der destruktiven Macht des ‚Bösen'.
- Julietta, die Heldin in Kleists *Die Marquise von O…*, ist vorübergehend gesellschaftlich isoliert, aber nicht einsam; die Hauptpersonen in Langes Novellen sind hingegen einsam, weil sie ein insgesamt isoliertes Leben führen.
- Im Gegensatz zu Julietta bleiben sie dem Selbstgespräch überlassen.
- Die häusliche Situation der Figuren in *Das Haus in der Dorotheenstraße* ist metaphorischer Ausdruck für die ‚transzendentale Obdachlosigkeit' (Georg Lukács) des Menschen in der Postmoderne.

Wie die meisten der von Heinrich von Kleist (1777–1811) verfassten Erzählungen handelt auch *Die Marquise von O…* von einer Welt, die aus den Fugen ist:

> „Entfesselte Gewalten setzen die Selbstkontrolle des einzelnen außer Kraft und machen ihn zum willenlosen Opfer. Konfrontiert mit den Folgen einer verbrecherischen Tat, bleibt für die Betroffene der Täter selbst anonym. Beispielhaft entfaltet sich eine novellistische Situation, die den einzelnen in ein Geschehen verwickelt zeigt, dessen Antriebe ihm unbekannt bleiben. Das Geständnis des russischen Offiziers

> läßt für die Marquise eine Welt einstürzen. Aus ihrem Retter ist ihr Schänder, aus dem Engel ein Teufel geworden. Die jäh polarisierte Wirklichkeit wird trügerisch und unverläßlich. Betrogen ist das Vertrauen auf den, an den man sich dankbar erinnerte, betrogen ist der Glaube an die uneigennützige, reine Menschlichkeit." (Freund 2009, S. 83 f.)

Die Marquise von O… illustriert demnach am Einzelfall die Unberechenbarkeit und Heillosigkeit einer chaotischen Wirklichkeit, in der Krieg, Gewalt, Zerstörung, Hass und aggressive Triebentladung das Vertrauen auf eine humane, soziale und moralische Welt erschüttern und grundsätzlich infrage stellen. Selbst als Angehörige einer hohen Gesellschaftsschicht sieht sich die Heldin der Novelle den äußeren Gefährdungen ihres an sich privilegierten Daseins schutzlos und ohnmächtig ausgeliefert.

Auch in den meisten der fünf Novellen in Hartmut Langes *Das Haus in der Dorotheenstraße* widerfährt den Protagonisten ein Schicksal, dem sie sich nicht mehr widersetzen können. Sie werden zu Gefangenen eines schockierenden Ereignisses, das sie beherrscht, seien es der Tod der geliebten Frau („Die Ewigkeit des Augenblicks"), die Symptome einer beginnenden Geisteskrankheit („Der Bürgermeister von Teltow") oder der Treue- und Vertrauensbruch eines Ehepartners („Der Schatten"). In allen diesen Geschichten werden die betroffenen Menschen mehr oder weniger deutlich von Furcht und Verzweiflung so sehr beherrscht, dass sie selbst nicht mehr imstande sind, die Folgen ihrer persönlichen Katastrophe aus eigener Kraft zu bewältigen. Angesichts des unerwarteten Unheils erstarren sie in einem Zustand der inneren Lähmung, der keine Aussicht auf eine positive Änderung mehr zulässt. Sie verlieren den Boden unter ihren Füßen und versinken derart tief in ihren negativen Gefühlen und Gedanken, dass sie buchstäblich ins Nichts entschwinden (Michael Denninghoff), im panischen Blick auf ein Phantom verkümmern (Andreas Schmittke) oder in die eigene selbstzerstörerische Abhängigkeit von einem Menschen einwilligen, der vollkommen fremd geworden ist (Steffi Trautwein).

Die Gefährdung der menschlichen Existenz in einer brüchigen und bodenlosen Welt

**„Das Haus in der Dorotheenstraße":
Selbstzerstörung des Protagonisten nach dem (vermeintlichen) Treuebruch der Ehefrau**

Auch Gottfried Klausen in „Das Haus in der Dorotheenstraße" erlebt mit einem Mal den Absturz in den Abgrund der eigenen Vernichtung, nachdem ihm von seiner Frau am Telefon nur noch das ferne Geräusch ihres „unterdrückte[n] Lachen[s]" (86) geblieben ist, das wie ein Hohngelächter wirkt, denn es „war, daran bestand kein Zweifel, Xenia, die sich, worüber auch immer, zu amüsieren schien" (ebd.). An die Stelle der „Stille" (ebd.), die auf das Lachen folgt, setzt der einstmals seriöse Wirtschaftsjournalist die Geschwätzigkeit der Boulevardpresse, indem er nur noch von den Privataffären von Politikern berichtet. Er entwertet mit der Arbeit auch die eigene Person, deren Spur sich am Ende der Geschichte im Dunkel bloßer Andeutungen und Mutmaßungen des Erzählers verliert.

Im Fokus der Weltliteratur: Grundfragen der menschlichen Existenz

Den ursprünglichen Gewissheiten einer komfortablen bürgerlichen Existenz als Architekt, Bürgermeister, Journalist und Ladenbesitzerin stellt sich in Langes Novellen die prinzipielle Ungewissheit des Lebens entgegen, von der auch die Erzählungen von Heinrich von Kleist handeln. Die Auseinandersetzung des Menschen mit der Instabilität aller Verhältnisse und mit der Krisenhaftigkeit des Daseins ist aber keine Besonderheit, die nur auf die Werke dieser beiden Schriftsteller zutrifft. Vielmehr bildet die Darstellung des Menschen in existenziellen Grenzsituationen einen wesentlichen Kern der Weltliteratur, die in allen möglichen Variationen die Gefährdungen und Unsicherheiten thematisiert, welche den Einzelnen vor die Aufgabe stellen, dem eigenen endlichen Dasein mit all seinen Wechselfällen und Grausamkeiten Bedeutung zu verleihen.

Irreführung und Ungewissheit des Menschen in einer doppelbödigen Welt

Sowohl Gottfried Klausen in „Das Haus in der Dorotheenstraße" als auch die Marquise von O… sehen sich jeweils in einer für sie wichtigen Person so sehr getäuscht, dass sie eine radikale Vertrauenskrise erfahren. Beide werden mit der realen Doppelnatur des Menschen konfrontiert. So ist der russische Graf F… nicht nur ein heldenhafter Kämpfer und galanter Retter, sondern auch ein Verbrecher, der viel mehr noch als seine enthemmten Untergebenen einer hilfsbedürftig-hilflosen Frau Gewalt antut. Erscheint er dieser im ersten Moment wie

„ein Engel des Himmels", welcher zudem in der Darstellung durch den Erzähler „schön, wie ein junger Gott" (Kleist 2004, S. 9) aussieht, so verbirgt sich hinter diesen Zuweisungen einer gleichsam göttlichen Natur nun die Fratze eines Teufels, der sich ganz seiner animalischen Natur überlässt. In den anschließenden Bemühungen um die Gunst seines Opfers erscheint er wiederum

> „als Draufgänger, der sich zwar schuldig gemacht hat, aber darunter leidet, sich schämt, wiedergutzumachen sucht und in all diesen Reaktionen dasselbe leidenschaftliche, bis zur völligen Selbstvergessenheit gehende Wesen an den Tag legt." (Schmidt 1998, S. 70)

Als Julietta erfahren muss, dass der Graf F… der von ihr über eine Zeitungsanzeige gesuchte Vater ihres Kindes ist, gerät sie so außer sich, dass sie den weinenden Mann, der in einer extremen Geste der Unterwerfung „auf seinen Knieen liegend, den äußersten Saum ihres Kleides" fasst und küsst, mit Worten des Abscheus von sich weist:

> „Doch diese –: gehn Sie! gehn Sie! gehn Sie! rief sie, indem sie aufstand; auf einen Lasterhaften war ich gefasst, aber auf keinen – – – Teufel!" (44)

Indem sie die für sie entsetzliche Wahrheit erkennt, entfesselt sich in ihr leidenschaftlicher Hass gegenüber dem angeblichen Edelmann, der sich an ihr vergangen hat und nun um ihre Hand anhält: Sie weicht ihm „gleich einem Pestvergifteten" aus und blickt ihn „mit tötender Wildheit" in einer Weise an, die der Erzähler mit dem Satz „eine Furie blickt nicht schrecklicher" (45) kommentiert. Mit ‚fliegender Brust' und ‚loderndem Antlitz' (vgl. ebd.) dämonisiert sie den Grafen, indem sie ihre Familienmitglieder zum Schutz vor dem wie ein Satan wirkenden Mann mit Weihwasser besprengt.

Der Mensch als Dämon

Auch der Protagonist in „Das Haus in der Dorotheenstraße" reagiert auf die ihm unbekannte, hier: mutmaßlich ehebrecherische Seite seiner Frau mit einer Bestürzung, die zwar viel diskreter als im Falle der Marquise ist, zugleich aber im Ergebnis mit einer möglicherweise tödlichen Rachehandlung endet. Dies deutet zumindest der geheimnisvolle Schlussteil der Novelle an.

Identitätsfindung versus Identitätsverlust

Im Unterschied zu den meisten Protagonisten in Langes Novellensammlung entwickelt allerdings Julietta, die Marquise von O..., die Kraft, sich aus der aussichtslos erscheinenden Situation ihrer ungewollten Schwangerschaft und ihrer familiären und gesellschaftlichen Ächtung zu befreien, indem sie Entscheidungen zu ihren Gunsten trifft und damit ihr Schicksal selbst gestaltet. Sie willigt schließlich auch in eine Ehe mit ihrem Vergewaltiger ein, dies jedoch nur unter strengen Auflagen. Anders als den mehr oder weniger schemenhaften Figuren in Langes Novellensammlung gelingt es ihr, sich am Tiefpunkt ihres Lebens wieder zu erheben und sich eine solide Existenzgrundlage zu schaffen. Der Verflüchtigung der Gestalten in *Das Haus in der Dorotheenstraße* steht somit die Profilierung und persönliche Stärkung der Titelfigur in Kleists *Die Marquise von O...* entgegen.

Weitere Unterschiede

Es fallen weitere Divergenzen auf: Während die Heldin in Kleists Novelle in einen gesellschaftlichen und familiären Kontext eingebunden ist, in welchem sie eine erkennbare Funktion als Angehörige der Oberschicht und Bewohnerin einer italienischen Stadt sowie als Witwe, Tochter, Schwester und Mutter besitzt, wirken die Hauptpersonen in Langes Novellen weitgehend losgelöst von sozialen Beziehungen. Gegensätzliche Lebenshorizonte sind erkennbar: Die italienische Adlige gerät zwar in den Strudel ihrer Zeit, ist aber aufgehoben im Miteinander der Menschen, während sich der eigenbrötlerische Bürger (Gottfried Klausen) unserer Zeit im Zustand der Vereinzelung befindet.

Interaktion Subjekt/Familie/Gesellschaft versus Isolation des Subjekts

Gottfried Klausen, der einsame Einzelgänger in „Das Haus in der Dorotheenstraße", erscheint jenseits der vagen Verbindung mit seiner Ehefrau Xenia isoliert, wenn man einmal von einem einzigen ausführlicheren Hinweis auf berufliche Kontakte absieht (vgl. 91 f.). Die ungleich dichtere Vernetzung der Marquise von O... mit den sie umgebenden Menschen äußert sich auch in den vielen Gesprächen, die sie unter anderem im engsten Kreis der Familie führt und von denen im Folgenden nur ein einziges Beispiel zitiert sei. Es handelt sich um jene Stelle, an der Julietta sich mit ihren Eltern und ihrem

Bruder über die Frage einer Heirat mit dem russischen Grafen unterhält:

> „**Frau von G... fragte ihre Tochter**, was sie denn von ihm halte? Und ob sie sich wohl zu irgendeiner Äußerung, die ein Unglück vermiede, würde verstehen können? **Die Marquise antwortete**: Liebste Mutter! Das ist nicht möglich. Es tut mir leid, dass meine Dankbarkeit auf eine so harte Probe gestellt wird. Doch es war mein Entschluss, mich nicht wieder zu vermählen; ich mag mein Glück nicht, und nicht so unüberlegt, auf ein zweites Spiel setzen. **Der Forstmeister bemerkte, dass** wenn dies ihr fester Wille wäre, auch **diese** Erklärung ihm Nutzen schaffen könne, und dass es fast notwendig erscheine, ihm irgend*eine* bestimmte zu geben. **Die Obristin versetzte, dass** da dieser junge Mann, den so viele außerordentliche Eigenschaften empföhlen, seinen Aufenthalt in Italien nehmen zu wollen, erklärt habe, sein Antrag, nach ihrer Meinung, einige Rücksicht, und der Entschluss der Marquise Prüfung verdiene. **Der Forstmeister, indem er sich bei ihr niederließ, fragte, wie** er ihr denn, was seine Person anbetreffe, gefalle? *Die Marquise antwortete*, mit einiger Verlegenheit: er gefällt und missfällt mir [...]." (17 f.; Hervorhebungen W. P.)

Dialogstruktur in Kleists Novelle

Neben derartig dichten Formen des Gedankenaustauschs gibt es in Kleists Novelle auch zahlreiche Momente des Redeverbots und der Sprachlosigkeit (vgl. Grathoff 1988, S. 121 ff.). Angesichts der Intensität aber, mit der in der soeben zitierten Szene innerhalb der engeren Verwandtschaft Angelegenheiten des Intimlebens ausführlich diskutiert werden, zeigen die Figuren in den Novellen von Hartmut Lange dagegen alle Merkmale einer ausgeprägten und durchgängigen Sprachlosigkeit. Während die Marquise von O... als Tochter eines italienischen Militärkommandanten erleben muss, wie russische Invasoren die von ihr bewohnte Festung angreifen und zerstören, bevor sie selbst zum Opfer einer Vergewaltigung wird, beschränkt sich der Erlebnis- und Problemhorizont der Akteure in Hartmut Langes Novellen auf den engen Rahmen ihrer begrenzten, weder durch exzessive Gewalt noch durch gesellschaftliche Normen und Tabus geprägten Welt.

Der Auslandskorrespondent Gottfried Klausen berichtet zwar für seine Zeitung aus der Millionenstadt London,

Schwerpunkt inneres Geschehen („Das Haus in der Dorotheenstraße") versus Schwerpunkt äußere Handlung (*Die Marquise von O…*)

doch erfährt der Leser nichts Konkretes über seine dortigen Aktivitäten. Vielmehr reduziert sich das Bild der Metropole schließlich auf vage und banale Eindrücke, denn Gottfried Klausen interessiert sich zuletzt „nur noch für den Stimmungswechsel, der sich auf den Londoner Straßen" vollzieht:

> „Ob man schon einmal nach Einbruch der Dämmerung versucht hätte, die Umrisse des Big Ben zu erkennen […]. Oder ob man wüsste, wie sehr das Londoner Wetter die Umgebung verwischen würde, so dass man Mühe hätte, sich zu orientieren. Es sei, als hätten sich die Dinge bis zur Unkenntlichkeit entfernt […]." (90 f.)

Die Ort- und Zeitlosigkeit, in welche die britische Hauptstadt aus der Perspektive des Protagonisten gehüllt wird, kontrastiert mit der Einbettung der Handlung in *Die Marquise von O…* in den fiktiven geschichtlichen Rahmen kriegerischer Ereignisse, welche die oberitalienische „Zitadelle bei M…" zum Schauplatz eines familiären und privaten Dramas machen:

> „Hier hatte sie [d.i. die Marquise von O…] die nächsten Jahre mit Kunst, Lektüre, mit Erziehung, und ihrer Eltern Pflege beschäftigt, in der größten Eingezogenheit zugebracht: bis der … Krieg plötzlich die Gegend umher mit den Truppen fast aller Mächte und auch mit russischen erfüllte. Der Obrist von G…, welcher den Platz zu verteidigen Order hatte, forderte seine Gemahlin und seine Tochter auf, sich auf das Landgut, entweder der Letzteren, oder seines Sohnes, das bei V… lag, zurückzuziehen." (3)

Unterschiedliche Darstellung der Behausungen

Analog zum Kontrast zwischen einer genauen und einer ungenauen Darstellung des Handlungsraumes besteht auch ein solcher zwischen der Unschärfe der Beschreibung des Hauses in der Dorotheenstraße und der relativen Präzision, mit der das Landgut beschrieben wird, wo die Marquise von O… sich nach der Ächtung durch ihre Familie aufhält. Während das Haus in der Dorotheenstraße zum mehr oder weniger unbestimmten Ort einer wechselseitigen Entfremdung zweier Ehepartner wird, erweist sich der Landsitz, auf den sich die Marquise von O… mit ihren Kindern flüchtet, als bestimmter Ort eines neuen und selbstbestimmten Lebens. Sie

> „saß in der Gartenlaube, und dachte, während sie kleine
> Mützen, und Strümpfe für kleine Beine strickte, wie sie die
> Zimmer bequem verteilen würde; auch, welches sie mit
> Büchern füllen, und in welchem die Staffelei am schicklichs-
> ten stehen würde." (28)

Die Heldin entwickelt hier trotz ihres Scheiterns Pläne
für ihr zukünftiges Leben. Für Gottfried Klausen hingegen, den Protagonisten der Novelle „Das Haus in der Dorotheenstraße", verwandelt sich die Villa, die „im Abseits" (74) von Berlin anfangs noch sein Zuhause ist,
innerhalb von wenigen Wochen zum geisterhaften Ort
einer zerbrochenen Beziehung und eines unerfüllten Le-
bensplans. Das offene und düstere Ende der Novelle fin-
giert das Eintreffen einer männlichen Person, die mit
dem Schlüssel zum Haus auch die Verfügungsgewalt
über das Leben im Inneren des Gebäudes besitzt („Er be-
saß einen Schlüssel, war hier zu Hause, hatte also alles
Recht, das zu tun, was er für nötig befand", 93). Ganz im
Gegensatz dazu endet die Kleist-Novelle mit einer Fami-
lienidylle, die so übertrieben dargestellt ist, dass sich
fast der Eindruck einer Karikatur aufdrängt. Das Happyend suggeriert die Aufhebung aller Konflikte und die
Idylle einer glücklichen, kinderreichen Familie.

Geschlossenes
Ende versus
offenes Ende

Vergleichstext 2: E. T. A. Hoffmann, *Der Sandmann*

KURZINFO

Eine Erzählung von Wahnsinn, Liebe und Tod

- E. T. A. Hoffmanns *Der Sandmann* (1816) handelt fast im Sinne eines klinischen Befundes von den Ursachen, Symptomen und Folgen einer psychischen Störung.
- Ein Brief der Hauptfigur Nathanael liefert am Anfang der Erzählung einen Schlüssel zum psychologischen Verständnis der Ängste und Nöte des jungen Mannes. Dieser schildert in einem Rückblick grauenhafte Erlebnisse aus seiner Kindheit.
- Auslöser waren kindliche Horrorbilder von dem die Augen ausreißenden Sandmann. Die Dämonie der Figur erreichte ihren entsetzlichen Höhepunkt, als Nathanael beim heimlichen Beobachten des väterlichen Arbeitszimmers von dem dort anwesenden Advokaten Coppelius entdeckt und sowohl verbal als auch physisch bedroht wurde. Das dritte, ihn traumatisierende Ereignis war der Anblick des toten Vaters nach einer Explosion in dessen Arbeitszimmer.
- Als der spätere Student von dem Wetterglashändler Coppola aufgesucht wird, vermutet er in diesem die verkappte Gestalt des Advokaten Coppelius. Obwohl er annehmen darf, dass beide Männer nicht miteinander identisch sind, bleibt er doch stark beunruhigt und verunsichert.
- Dem Bemühen seiner Verlobten Clara, ihn durch rationale Erklärungen von seinen Ängsten zu befreien, begegnet Nathanael mit Ablehnung. Diese verstärkt sich, als Clara seine Versuche einer ‚düster-langweiligen‘ dichterischen Gestaltung seiner Beziehung zu ihr nicht gebührend wertschätzt.
- Über den anschließenden heftigen Streit kommt es fast zu einem Zerwürfnis zwischen den Liebenden.
- Zugleich verliebt Nathanael sich am Studienort in Olimpia, eine schöne, aber gefühllose Frau, die, ohne dass er dies weiß, kein menschliches Wesen, sondern lediglich ein technisches Produkt ihres experimentierenden Schöpfers Professor Spalanzani ist. Als Nathanael unter dramatischen Umständen erfährt, dass Olimpia nicht die liebende Frau ist, für die er sie in seiner Verblendung gehalten hat, sondern lediglich eine Maschine, verfällt er in ein wildes Toben und wird in einer Nervenheilanstalt untergebracht.
- Nach seiner scheinbaren Genesung versucht er während eines Stadtbummels, Clara aufgrund einer erneuten Wahnvorstellung umzubringen. Nur durch die Hilfe ihres Bruders Lothar gelingt es, sie vor dem Tod zu retten.
- Nathanael hingegen stürzt sich von dem Turm des Stadttores in die Tiefe.

Ein mysteriöser Besucher: der Wetterglashändler Coppola

In einem langen Brief an seinen Freund Lothar berichtet der Student Nathanael von seinem Studienort G. aus, dass „[e]twas Entsetzliches in [s]ein Leben getreten" sei (Hoffmann 2003, S. 3), welches bei ihm einen „tödlichen Eindruck" (ebd.) hinterlassen habe. Als ein sogenannter

Wetterglashändler, so der Absender, ihn in seiner Stube aufgesucht und ihm Barometer zum Verkauf angeboten habe, habe er diesen unter Androhung von Gewalt zum Verlassen des Raumes gezwungen. Wirkt die aggressive Reaktion auf den ersten Blick unverständlich, so erklärt der Schreiber sein unverhältnismäßiges Handeln mit Erlebnissen, die ihn während seiner Kindheit tief verstört und in der Folgezeit geprägt haben.

Der Rückblick auf das einstige Familienleben konzentriert sich auf wiederholte abendliche Szenen, in denen die ursprüngliche Idylle eines harmonischen Zusammenseins der Kinder mit ihren Eltern nach dem Abendessen durch die Aufforderung beendet wurde, dass nun der Sandmann komme und es Zeit zum Schlafengehen sei. Trotz der beschwichtigenden Worte der Mutter empfand Nathanael die angekündigte Ankunft des fremden Mannes, dessen polternde Schritte er auf der Treppe zu hören glaubte, als grauenhafte Bedrohung, deren Ausmaß noch durch die furchterregenden Warnungen einer alten Frau ins Gespenstische gesteigert wurden:

> „Das ist ein böser Mann, der kommt zu den Kindern, wenn sie nicht zu Bett gehen wollen und wirft ihnen Händevoll Sand in die Augen, dass sie blutig zum Kopf herausspringen, die wirft er dann in den Sack und trägt sie in den Halbmond zur Atzung für seine Kinderchen; die sitzen dort im Nest und haben krumme Schnäbel, wie die Eulen, damit picken sie der unartigen Menschenkindlein Augen auf.'" (5)

„Die fürchterliche Erscheinung des Sandmanns" (ebd.) beherrschte ihn, wie Nathanael in seinem Brief schreibt, auch noch im fortschreitenden Kindesalter so sehr, dass der „unheimliche[r] Spuk", der „das Bild des grausigen Sandmanns" (6) begleitete, in der Fantasie zur Obsession wurde. Die zwanghaften Angstvorstellungen verwandelten sich im zehnten Lebensjahr in den „unwiderstehliche[n] Drang" (ebd.), das dämonische Wesen sehen zu wollen. Nathanael versteckte sich daher eines Abends im Zimmer des Vaters, um endlich eine von dessen regelmäßigen Begegnungen mit dem Sandmann zu erleben. Dabei musste er feststellen, dass es sich bei dem Besucher um den alten Advokaten Coppelius handelte, einen unliebsamen Gast.

Der Sandmann – ein Poltergeist?

Eine heimliche Entdeckung: Coppelius und der Vater treffen sich allabendlich zu Experimenten

Identität des schrecklichen Advokaten Coppelius und des gespenstischen Sandmanns?

Die Kenntnis von der Identität des „fabelhaften Sandmanns" (ebd.) hatte den Horror des jungen Nathanael nur noch gesteigert, weil „eben dieser Coppelius" (7) seine extreme Hässlichkeit bewusst dazu einsetzte, um während seiner Anwesenheit am Mittagstisch bei den Kindern „Ekel und Abscheu" (8) zu erzeugen.

Nathanael war als heimlicher Beobachter im Zimmer des Vaters Zeuge geworden, wie die beiden Männer sich in Schreckgestalten verwandelt hatten, die bei ihren „alchymistischen Versuche[n]" (13) wie in einer Hexenküche mit Feuer und Zaubersprüchen operierten. Auf den überwältigenden Eindruck von allgegenwärtigen „Menschengesichter[n]", die statt Augen „scheußliche, tiefe schwarze Höhlen" (9) hatten, hatte der Junge sich durch Entsetzensschreie verraten; er war von Coppelius ergriffen und mit dem Verlust des Augenlichts bedroht worden. Nur auf das flehentliche Bitten des Vaters hin hatte Coppelius von seinem grauenhaften Vorhaben abgelassen und sich darauf beschränkt, am Körper des Kindes durch Vertauschen von Händen und Füßen Manipulationen vorzunehmen, die Nathanael bewusstlos werden ließen. Dieser war zwar wohlbehalten aus dem Alptraum erwacht, war anschließend aber „mehrere Wochen krank" (10) gewesen.

Alptraum von der Verstümmelung des eigenen Körpers

Kein Traum: Der schreckliche Tod des Vaters

Ein Jahr später war der Vater bei einer erneuten Zusammenkunft mit Coppelius durch eine Explosion ums Leben gekommen. Nathanael hatte ihn nach Mitternacht „[v]or dem dampfenden Herde auf dem Boden […] tot mit schwarz verbranntem grässlich verzerrtem Gesicht" (11) aufgefunden. Nathanael beschließt seinen Brief an Lothar mit der Gewissheit, dass der Wetterglashändler, der sich Giuseppe Coppola nannte, mit Coppelius, den er für den Mörder seines Vaters hält, identisch ist.

Clara: Verlobte und Mentorin Nathanaels

In einem weiteren Brief wendet sich nun Lothars Schwester Clara an ihren Verlobten Nathanael, um ihn darüber zu informieren, dass er seinen Brief versehentlich an sie adressiert habe, so dass sie ihn gelesen habe und über die darin enthaltenen Offenbarungen tief erschüttert (vgl. 13) sei. Zugleich versucht sie ihren Geliebten zu beruhigen, indem sie die Gewissheit zum Ausdruck bringt, dass das „Entsetzliche und Schreckliche" (ebd.), von dem er spreche, nicht wirklich existiere, sondern lediglich eine aus Kindertagen herrührende Angstvorstellung sei. Deren krankhafte Verinnerlichung führe dazu, dass

> „die dunkle psychische Macht [...] fremde Gestalten, die die Außenwelt uns in den Weg wirft, in unseres Inneres hineinzieht, sodass wir selbst nur den Geist entzünden, der, wie wir in wunderlicher Täuschung glauben, aus jener Gestalt spricht." (15)

Unter der Voraussetzung, dass man „festen, durch das heitre Leben gestärkten Sinn genug [habe], um fremdes feindliches Einwirken als solches stets zu erkennen und den Weg, in den uns Neigung und Beruf geschoben, ruhigen Schrittes zu verfolgen", so meint Clara, gehe „jene unheimliche Macht unter" (ebd.). Daher rät sie mit dem doppelten Aufruf „Sei heiter – heiter!" (ebd.) zu einer gelasseneren Haltung, um sich „den hässlichen Advokaten Coppelius und den Wetterglasmann Giuseppe Coppola ganz aus dem Sinn" (ebd.) zu schlagen.

Claras Optimismus: Kontrast zu Nathanaels Verzagtheit

In einem Antwortschreiben, das nicht an Clara, sondern an deren Bruder Lothar gerichtet ist, äußert Nathanael den Vorwurf, dass die Geschwister wohl die Auffassung teilten, dass Coppelius und Coppola nur „Phantome [s]eines Ichs" (16) seien. Während er seinem Freund verbietet, weiterhin Vermutungen über die Ursachen seines labilen Geistes- und Gemützustandes anzustellen, zeigt Nathanael sich gegenüber dem Freund insgesamt beruhigt, weil er Hinweisen eines Professors der Physik mit Namen Spalanzani entnommen hat, dass der Wetterglashändler Coppola nicht mit dem Advokaten Coppelius identisch sein kann. Außerdem habe Coppola inzwischen offenkundig die Stadt verlassen.

Zugleich berichtet Nathanael von der vollkommenen Schönheit der Tochter von Spalanzani, die durch ihren Vater von Kontakten mit der Außenwelt abgehalten werde. An dieser Stelle blickt der auktoriale Erzähler auf die Umstände zurück, unter denen Nathanael Lothar und Clara kennengelernt hatte. Seine Mutter hatte die beiden Kinder nach dem Tod von deren Vater als Waise

Flashback: Nathanaels verwitwete Mutter nahm die verwaiste Clara und deren Bruder Lothar als Pflegekinder auf

93

aufgenommen, so dass ihr Sohn täglichen Umgang mit den Pflegekindern und dabei eine tiefe Zuneigung für Clara entwickelt hatte. Trotz der widersprüchlichen Urteile anderer Personen über ihre physische Erscheinung und ihre Charaktermerkmale hatten Nathanael und „das gemütvolle, verständige, kindliche Mädchen" (21) sich ineinander verliebt. Als Nathanael vierzehn Tage nach dem Brief an Lothar zu Hause eintrifft, ist die Begrüßung der beiden jungen Menschen dementsprechend innig.

Selbstbestimmung oder Fremdbestimmtheit? Clara und Nathanael streiten sich wegen ihres gegensätzlichen Menschenbildes

Gleichwohl reagiert die verständige Clara negativ auf die „mystische Schwärmerei" (ebd.), die Nathanael schon bald nach seinem Eintreffen an den Tag legt, indem er sozusagen in nachträglicher Entgegnung auf Claras Rede von der Selbstbestimmung des Menschen die Behauptung aufstellt, dass der menschliche Willen nicht frei, sondern durch „das Einwirken irgendeines außer uns selbst liegenden höheren Prinzips" (ebd.) determiniert sei. Im Konflikt über die jeweilige Geltung der entgegengesetzten Positionen entfremden sich Clara und Nathanael zunehmend voneinander. Als sie auf seinen Vortrag eines von ihm neu verfassten Gedichtes mit geradezu apokalyptischen Szenen vorschlägt, den Text zu verbrennen, stößt er sie mit den Worten „Du lebloses, verdammtes Automat!" (25) von sich und wird deswegen von Claras Bruder Lothar so beschimpft, dass sich beide zum Zweikampf herausfordern. Nur durch Claras Einschreiten wird dessen Durchführung verhindert und eine Versöhnung der drei jungen Menschen bewirkt.

Unversöhnlichkeit der Standpunkte, Eskalation des Konflikts und Versöhnung

Das Augenmotiv als vielfältiges Dingsymbol

Bei seiner Rückkehr in die Universitätsstadt entdeckt Nathanael, dass das Haus, in dem er wohnt, niedergebrannt ist. Daraufhin zieht er mit dem Inventar seines Zimmers, das Freunde aus dem Feuer gerettet haben, in ein anderes Haus, welches gegenüber der Wohnung des Professors Spalanzani liegt. Von dort aus kann Nathanael direkt in das Zimmer von dessen Tochter Olimpia blicken. Doch erst der Besitz eines Taschenperspektivs, eines kleinen Fernglases, das er entgegen seiner Absicht von dem aufdringlichen Brillenverkäufer Coppola erworben hat, lässt ihn immer häufiger und immer begieriger die außerordentlich schöne, aber merkwürdig starre Gestalt von Olimpia betrachten, so dass bald „Claras Bild […] ganz aus seinem Innern" (30) gedrängt wird.

Sein Verlangen nach der puppenhaft wirkenden Frau scheint sich zu erfüllen, als er zu einem großen Fest eingeladen wird, bei dem „Spalanzani seine Tochter Olimpia, die er so lange jedem menschlichen Auge recht ängstlich entzogen, zum ersten Mal erscheinen lassen" (30) will. Während des Abends fühlt er sich von ihrem „Liebesblick" (31) durchdrungen und seine „Liebeslust" (ebd.) steigert sich im Tanz mit ihr so sehr, dass er alle Hinweise auf die Lächerlichkeit seines Redens und Handelns ignoriert. Nathanael bemerkt weder das „halbleise, mühsam unterdrückte Gelächter, was sich in diesem und jenem Winkel unter den jungen Leuten" (32) erhebt, noch die bizarre Unangemessenheit der stereotypen Antwort „Ach Ach Ach!" (32 f.), welche Olimpia ihm auf seine Liebesbekundungen hin gibt. Selbst die Warnungen seines Freundes Siegmund vor der Geist- und Seelenlosigkeit Olimpias und vor dem Umgang mit ihr treiben Nathanael nur noch mehr dazu an, sie als geradezu himmlisches Wesen zu verklären:

Eine neue Liebe: Nathanael verfällt den Reizen einer schönen, aber seelenlosen Frau

Äußeres Sehen und innere Blindheit: Nathanael verliebt sich grenzenlos in eine weibliche Puppe

> „Wohl mag euch, ihr kalten prosaischen Menschen, Olimpia unheimlich sein. Nur dem poetischen Gemüt entfaltet sich das gleich organisierte! Nur mir ging ihr Liebesblick auf und durchstrahlte Sinn und Gedanken, nur in Olimpias Liebe finde ich mein Selbst wieder. Auch mag es nicht recht sein, dass sie nicht in platter Konversation faselt, wie die andern flachen Gemüter. Sie spricht wenig Worte, das ist wahr; aber diese wenigen Worte erscheinen als echte Hieroglyphe der innern Welt voll Liebe und hoher Erkenntnis des geistigen Lebens in der Anschauung des ewigen Jenseits […]." (34 f.)

Verklärung Olimpias als schöne Seele von geistiger Vollkommenheit

In der Verabsolutierung dieses für ihn einzigartigen Wesens verharrt Nathanael im Hier und Jetzt. Er lebt „nur für Olimpia" (35), die ihn alle bestehenden familiären und emotionalen Bindungen, so auch an Clara, vergessen lässt. Indem sie seinen Liebesbeteuerungen und vor allem den stundenlangen Vorträgen seiner literarischen Versuche in „gänzliche[r] Passivität und Wortkargheit" (36) zu lauschen scheint, fühlt er sich allein von ihr „ganz verstanden" (ebd.).

Liebe ohne Verstand: Ausdruck einer narzisstischen Selbstverliebtheit?

Mörderische Aggression gegen den Pseudo-Vater Spalanzani: Nathanael verliert den Verstand, als er seinen Irrtum bemerkt

Doch an dem Tag, an dem er im scheinbaren Einverständnis mit Olimpias Vater der von ihm Angebeteten einen Heiratsantrag machen will, erfährt er unter extrem dramatischen Umständen, dass die weibliche Person lediglich „eine leblose Puppe" ohne Augen und ein „Automat" (37) ist. Um dessen Besitz kämpft Spalanzani mit einem Mann, der sowohl mit dem Namen Coppelius als auch mit demjenigen des Italieners Coppola bezeichnet wird. Nathanael verliert angesichts der furchtbaren Enthüllung von Olimpias Herkunft – sie ist nichts anderes als eine Maschine und das Produkt einer zwanzigjährigen experimentellen Arbeit von Spalanzani – den Verstand und greift den Physikprofessor in mörderischer Absicht an.

Scheinbare Genesung

Nachdem er durch den lebensrettenden Einsatz von Siegmund an seinem rasenden Tun gehindert und zunächst in ein Irrenhaus gebracht worden ist, wird Nathanael von seiner Familie im Elternhaus aufgenommen und dort gepflegt. Da inzwischen „[j]ede Spur des Wahnsinns […] verschwunden" (40) zu sein scheint, bereitet man sich auf seine Heirat mit Clara vor. Bei einem Stadt- und Einkaufsbummel schlägt Clara Nathanael vor, den Turm des Rathauses am Markt zu besteigen, um den Ausblick in die Landschaft zu genießen. Während „die beiden Liebenden Arm in Arm auf der höchsten Galerie des Turmes" (41) stehen, greift Nathanael völlig unvermutet seine Verlobte an und versucht, sie vom Turm in die Tiefe zu stürzen. Claras Tötung wird im letzten Augenblick durch Lothar verhindert, der seine Schwester rettet, indem er Nathanael niederschlägt.

Rückkehr des Wahns: Nathanael attackiert Clara

Selbstvernichtung

Der „im Innern zerrissene Nathanael" (42), der in seinem Anfall von Wahnsinn aus der Höhe auf dem Markt den Advokaten Coppelius entdeckt zu haben glaubt, springt von der Brüstung und bleibt „mit zerschmettertem Kopf auf dem Steinpflaster" liegen. Die Erzählung endet mit Informationen über das weitere idyllische Leben von Clara, die nach ihrer Heirat „mit einem freundlichen Mann" und mit zwei Söhnen in einem schönen Landhaus (vgl. ebd.) wohnt.

KURZINFO

Von der Verwirrung der Gefühle über den Irrtum zum Irrsinn

- Der Riss in Nathanaels Seele äußert sich durch Anzeichen einer schweren psychischen Erkrankung (Verfolgungswahn, extrem übersteigerte Angst, Gewalt- und Todesfantasien).
- Nathanaels Verstörtheit manifestiert sich vor allem in seiner paranoiden Reaktion auf den Advokaten Coppelius, dessen Hässlichkeit, Widerwärtigkeit und Boshaftigkeit jedes Maß zu übersteigen scheint.
- Das gestörte Vertrauen in die familiäre Geborgenheit ist eine der wesentlichen Ursachen für die spätere Selbstzerstörung.
- Als zentrale Projektionsfläche von Nathanaels Wahnvorstellungen scheint Coppelius in vielerlei Gestalt zu existieren: als Wiedergänger der mythischen Sagengestalt des Sandmanns und als Doppelgänger in der Gestalt des Wetterglashändlers Coppola.
- Auch die Liebe von Mann und Frau erscheint in der Erzählung verdoppelt: auf der einen Seite Nathanaels ‚reine‘ Liebe zu der von praktischem Verstand bestimmten Clara, auf der anderen Seite die Liebe zu der erotisch anziehenden und verführerischen, zugleich aber empfindungs- und gefühllosen Olimpia. Der Konflikt zwischen pragmatischer Vernunft und sexueller Triebnatur bleibt ungelöst.
- Der Schlussteil der Erzählung stellt dem schaurigen Tod des einsamen und unglücklichen Protagonisten Nathanael das neue familiäre Glück von dessen einstiger Verlobten Clara gegenüber.

Die aus dem Jahre 1816 stammende Erzählung *Der Sandmann* des Schriftstellers, Komponisten, Kapellmeisters und Karikaturisten E. T. A Hoffmann (1776–1822) zeichnet am Schluss wie Heinrich von Kleists *Die Marquise von O…* das geradezu übermäßig harmonische und daher fast unglaubwürdige Bild einer ‚heilen Welt‘, die zuvor noch heillos brüchig und bedroht war. Doch im Gegensatz zu dem Finale einer „glücklichen Stunde“, in welcher Julietta, die Marquise von O…, ihrem Gemahl „um den Hals“ (47) fällt, endet „Nathanael mit zerschmettertem Kopf auf dem Steinpflaster“ (42), auf das er sich in offenbar geistiger Umnachtung nach einem vergeblichen Tötungsversuch an seiner zukünftigen Ehefrau Clara gestürzt hat. Nur dieser, der Überlebenden des Anschlags auf einem städtischen Turm, bleibt es vorbehalten, zusammen „mit einem freundlichen Mann“ und mit „zwei muntre[n] Knaben“ das „ruhige häusliche Glück“ einer familiären Idylle zu erleben, das ihr, wie der auktoriale Erzähler vermerkt, „der im Innern zerrissene Nathanael niemals hätte gewähren können“ (ebd.).

Gegensatz: Tod (Nathanael) und Leben (Clara)

Psychische Deformation des negativen Helden

Die Wahnwelt des negativen Helden lässt bis zu dessen grausamem Tod keine wirkliche Hoffnung auf eine glückliche Wendung seines Schicksals mehr zu. Ein alles beherrschender Sog aus Angst und Selbstüberschätzung treibt Nathanael in den Abgrund seiner unerfüllbaren Sehnsucht nach Anerkennung und Selbstbestätigung. Anders als die Marquise von O…, die äußerst mühsam, aber unter Berücksichtigung der zeitgeschichtlichen Situation der Frau erfolgreich gegen die Zumutungen männlicher Gewalt kämpft, wird Nathanel von den Gespenstern seiner eigenen Liebes-, Gewalt- und Todesfantasien terrorisiert. Am Ende erliegt er der unwiderstehlichen und tödlichen Übermacht seiner inneren Bilder.

Personifikation des Bösen: der Advokat Coppelius

Er glaubt vor allem an die dämonische Macht des mysteriösen Advokaten Coppelius, der ihn seit seiner „frühern Jugendzeit" (4) verfolgt und in dreierlei Gestalt auftaucht. Sein unregelmäßiges, aber häufiges abendliches Erscheinen im Haus der Eltern veranlasste die Mutter, die Kinder mit den Worten „Nun Kinder! zu Bette! Zu Bette! Der Sandmann kommt […]" (4) zum Schlafengehen aufzufordern. Obwohl sie die physische Existenz des Mannes auf Nachfragen ihres Sohnes Nathanael leugnet, bleibt dieser davon überzeugt, dass der Fremde, den er im Elternhaus nach dem Abendessen „immer die Treppe heraufkommen" (5) hört, eine reale Person ist, die mit der Figur des „alte[n] Advokat[en] Coppelius" identisch ist.

Subjektive Identität von Fantasie und Wirklichkeit: Ursache einer unlösbaren inneren Spannung

In den brieflichen, an seinen Freund Lothar und dessen Schwester Clara adressierten Berichten beschreibt Nathanael ihn als „widrig[e] und abscheulich[e]" (7 f.) Gestalt. Deren physiognomische Hässlichkeit korreliert sowohl mit einer grotesken Bekleidung als auch mit den Attributen einer animalischen Natur. Die Hinweise auf „ein paar grünliche Katzenaugen", die „stechend hervorfunkeln", sowie auf einen „seltsam zischende[n] Ton", der „durch die zusammengekniffenen Zähne" (7) fährt, steigern die Überzeichnung der Erscheinung zum Abbild des Teufels, der gemeinsam mit dem Vater Laborexperimente so durchführt, als ob es sich um eine Hexenküche handelte:

„Coppelius trat hinzu und eine blaue Flamme knisterte auf dem Herde empor. Allerlei seltsames Geräte stand umher. Ach Gott! wie sich nun mein alter Vater zum Feuer herabbückte, da sah er ganz anders. Ein grässlicher krampfhafter Schmerz schien seine sanften ehrlichen Züge zum hässlichen, widerwärtigen Teufelsbilde verzogen zu haben. Er sah dem Coppelius ähnlich. Dieser schwang die glutrote Zange und holte damit hell blinkende Massen aus dem dicken Qualm, die er dann emsig hämmerte." (9)

Sprache und Stil der Schwarzen Romantik

Die Verwandlung eines Menschen in eine satanische Figur, welche der Vater im Zuge seiner Teilnahme an dem höllischen Spektakel vollzieht, markiert die perverse Verkehrung des ursprünglich vertrauten Alltags in eine diabolische Welt tödlicher Bedrohung, in der nichts mehr sicher ist. Das schauerromantische Szenario zweier Männer, die sich übersinnlichen Kräften ausliefern, gerät zur Darstellung von Vorgängen, die unverkennbare Züge eines Alptraums aufweisen: Als der junge Nathanael, der das Geschehen im Arbeitszimmer des Vaters heimlich beobachtet, in seinem Versteck entdeckt wird, wirft ihn der „zähnefletschend[e]" (9) Coppelius „auf den Herd, dass die Flamme [s]ein Haar zu sengen" (ebd.) beginnt. Nur das inständig flehentliche Bitten des Vaters verhindert, dass Coppelius, der schon „mit den Fäusten glutrote Körner aus der Flamme" (ebd.) ergreift, um sie dem Kind in die Augen zu streuen, sein Vorhaben in die Tat umsetzt. Stattdessen manipuliert er nun den Körper des Kindes, indem er ihm die Hände und Füße abschraubt und sie an anderer, unpassender Stelle wieder einsetzt.

Abnorme Wahrnehmung der Wirklichkeit

Verzerrung der Realität ins Alptraumhafte

Nathanael selbst erklärt seine späteren Ängste und Depressionen mit diesen furchtbaren Erlebnissen seiner Kindheit und Jugend, die schließlich darin gipfeln, dass er den Vater nach einer Explosion in dessen Zimmer „tot mit schwarz verbranntem grässlich verzerrtem Gesicht" erblicken muss. Während er jedoch die „[d]unklen Ahnungen eines grässlichen [ihm] drohenden Geschicks" (3) auf eine tatsächliche äußere Bedrohung zurückführt, hält seine Freundin Clara das „entsetzliche und Schreckliche", unter dem Nathanael so sehr leidet, für etwas, das „nur in [s]einem Innern" (13) vorgeht. Gleichsam im Vorgriff auf die Seelenkunde des Neurolo-

Clara als frühe Freudianerin?

gen und Tiefenpsychologen Sigmund Freud (1856–1939), der im Übrigen im Jahre 1919 im Zusammenhang seiner Studie „Das Unheimliche" E. T. A. Hoffmanns Erzählung *Der Sandmann* als Beispiel hervorhob und interpretierte, erkennt sie in der „dunklen Macht" (14), die Nathanael beherrscht, einen psychopathologischen Vorgang. Unter Verweis auf ihren Bruder Lothar schreibt Clara:

> „Es ist auch gewiss [...], dass die dunkle psychische Macht, haben wir uns durch uns selbst ihr hingegeben, oft fremde Gestalten, die die Außenwelt uns in den Weg wirft, in unser Inneres hineinzieht, sodass wir selbst nur den Geist entzünden, der, wie wir in wunderlicher Täuschung glauben, aus jener Gestalt spricht. Es ist das Phantom unseres eigenen Ichs, dessen innige Verwandtschaft und dessen tiefe Einwirkung auf unser Gemüt uns in die Hölle wirft, oder in den Himmel verzückt." (15)

Beziehungs- und Kommunikationsstörungen in Nathanaels Elternhaus

Dem Versuch einer Rationalisierung des Irrationalen schließt sich auch eine Interpretation an, welche die narzisstischen und destruktiven Züge des Protagonisten aus seiner problematischen familiären Sozialisation heraus erklärt. Hinter der trügerischen bürgerlichen Fassade „der Wohlanständigkeit und der gesicherten Verhältnisse" (Koebner 1988, S. 278) wächst der Junge in einer von Sprachlosigkeit und Anpassungsdruck geprägten Welt auf, in welcher der Vater so wenig Einfluss hat, „daß er es hinnehmen muß, wenn Coppelius die Kinder als ‚kleine Bestien' bezeichnet" (ebd., S. 275). Indem die Eltern keine „anderen Verhaltensweisen als die des ängstlichen Duckens" (ebd., S. 277) vorführen, lernt auch ihr Sohn, sich unterzuordnen und seine individuellen Bedürfnisse zu unterdrücken. Die damit verbundene Entfremdung von der Natur seiner Bedürfnisse führt zur Deformation seiner Persönlichkeit sowie zu einem Wirklichkeitsverlust, der ihn dazu bringt, sein ganzes unbefriedigtes Liebesverlangen auf eine Puppe zu projizieren.

**Hartmut Langes Sammlung *Das Haus in der Dorotheenstraße*
und E. T. A. Hoffmanns *Der Sandmann***

KURZINFO

Menschen im Grenzbereich zwischen Realität und Irrealität

- Sowohl *Der Sandmann* als auch die Novellen in *Das Haus in der Dorotheen-straße* präsentieren Psychogramme von Menschen in Grenzsituationen des Verlusts an existenzieller Sicherheit.
- Stets geht es vor allem um bedeutende Aspekte zwischenmenschlicher Beziehungen (Liebe und Liebesverrat, Sehnsucht und Hass, Bindung und Beziehungsabbruch, Gespräche und Sprachlosigkeit).
- Unterschiede zeigen sich im Hinblick auf die Darstellungsweise: Während *Der Sandmann* vielperspektivisch angelegt ist (briefliche Mitteilungen des Ich-Erzählers Nathanael werden durch direkte Äußerungen anderer Figuren sowie durch Ausführungen eines Erzählers ergänzt), beschränken sich Hartmut Langes Novellen auf die Außensicht eines einzelnen Erzählers.
- Es gibt allerdings sowohl in E. T. A. Hoffmanns Erzählung als auch in Hartmut Langes Novellen wiederholte Wechsel von auktorialem und personalem Er-/Sie-Erzählverhalten. Dabei lässt der auktoriale Erzähler zugleich erkennen, dass er nicht allwissend und in seiner Wahrnehmung begrenzt ist.
- *Der Sandmann* und *Das Haus in der Dorotheenstraße* weisen erhebliche Unterschiede in der sprachlichen und stilistischen Darstellung auf: Während die Erzählung aus dem Jahre 1816, ganz im Sinn der schauerromantischen Tradition der Schwarzen Romantik, durch Dramatisierungen der Gefühlswelt insbesondere der Hauptperson geprägt ist, zeichnet sich die Novellensammlung aus dem Jahre 2013 durch eine eher nüchterne und weitgehend realistische Darstellung der gleichfalls dramatischen Ereignisse aus.

Die soeben skizzierten Ansätze einer psychologischen Deutung der zerstörerischen und selbstzerstörerischen Energien von Nathanael können an dieser Stelle nur bruchstückhaft bleiben und nicht alle Beziehungsebenen, etwa die zwischen Nathanael und Clara oder die zwischen ihm und Coppelius, berücksichtigen. Ein Vergleich mit den Novellen in Hartmut Langes *Das Haus in der Dorotheenstraße* ist allerdings geeignet, um weitere Beobachtungen hinzuzufügen.

Der Sandmann ist ebenso wie diejenige der Protagonisten in „Der Bürgermeister von Teltow" und möglicherweise auch in „Das Haus in der Dorotheenstraße" die Geschichte eines Menschen, in dessen Gefühls- und Gedankenwelt die Grenzen zwischen Wahn und Wirklichkeit zerfließen. Im Unterschied zu Langes Novellen belässt es aber E. T. A. Hoffmanns Erzählung nicht bei der

Der Sandmann und „Der Bürgermeister von Teltow": Zwei explizite Geschichten vom Wahnsinn

monoperspektivischen Sicht auf einen Mann, der zum Objekt einer zunehmenden Beherrschung durch eine fixe Idee wird. Stattdessen entfaltet sich die Leidensgeschichte der Hauptfigur in *Der Sandmann* in einer vielperspektivischen Sicht auf seine Person.

Claras Glaube an die Macht des Menschen über seine Gedanken- und Gefühlswelt

Nachdem Nathanael in einem Brief an seinen Freund Lothar das Desaster seiner seelischen Verfassung offengelegt und biographisch begründet hat, erhält der Leser aus einem Brief Claras an Nathanael Kenntnis davon, wie wenig sie das von Nathanael Geschilderte für einen Tatsachenbericht hält. Abgesehen davon, dass sie merkwürdigerweise zum ersten Mal vom entsetzlichen, gewaltsamen Tod (vgl. Hoffmann 2003, S. 13) seines „gute[n] alte[n] Vater[s]" erfährt, meint sie, dass „alles Entsetzliche und Schreckliche", wovon Nathanael spricht, „nur in [s]einem Innern vorging" und „die wahre wirkliche Außenwelt […] daran wohl wenig teilhatte" (ebd.). Clara empfiehlt ihm daher, sich „den hässlichen Advokaten Coppelius und den Wetterglasmann Giuseppe Coppola ganz aus dem Sinn" (15) zu schlagen, damit „diese fremden Gestalten nichts über dich vermögen; nur der Glaube an ihre feindliche Gewalt kann sie dir in der Tat feindlich machen." (Ebd.)

Der doppelten subjektiven Wahrnehmung – hier die zutiefst angstbesetzte und paranoid überspannte Gefühlswelt eines Studenten, dort die durchgängig besonnene, aber auch ein wenig schlicht wirkende Gedankenwelt seiner bürgerlichen Freundin – fügt der auktoriale Erzähler eine objektivierende Darstellung hinzu. Sie stellt die unterschiedlichen Positionen der Hauptfiguren – hier Nathanaels „dunkle, düstere, langweilige Mystik" (23), dort Claras „kaltes prosaisches Gemüt" (ebd.) – gegenüber und kommentiert diese aus der Distanz:

Erzählerkommentar

„Es war denn so. Clara hatte die lebenskräftige Fantasie des heitern unbefangenen, kindischen Kindes, ein tiefes weiblich zartes Gemüt, einen gar hellen scharf sichtenden Verstand. Die Nebler und Schwebler hatten bei ihr böses Spiel; denn ohne zu viel zu reden, was überhaupt in Claras schweigsamer Natur nicht lag, sagte ihnen der helle Blick, und jenes feine ironische Lächeln: Lieben Freunde! wie möget ihr mir denn zumuten, dass ich eure verfließende Schattengebilde für wahre Gestalten ansehen soll, mit Leben und Regung?" (20 f.)

Das differenzierte Persönlichkeitsbild einer jungen Frau, das der Erzähler in der zitierten Intervention entwirft, suggeriert eine relativ sachliche Beschreibung und Bewertung von Menschen und Vorgängen. Leserinnen und Leser, die wegen der häufig bizarren und obskuren Ereignisse und Erlebnisse ein Verlangen nach plausiblen Erklärungen haben, können in den Darstellungen und Kommentaren des Erzählers Anhaltspunkte für eine gewisse Orientierung finden. Nichtsdestoweniger trägt gerade die Außenperspektive des Erzählers ganz besonders dazu bei, dass etwa die beschriebenen Verhaltensweisen und Wahrnehmungen von Nathanael noch befremdlicher und beängstigender wirken, so etwa in dem Bericht von dessen Begegnung mit dem Händler Coppola (vgl. 27).

Verunsicherung des Lesers

Die Szene wirkt zunächst einmal deshalb gespenstisch, weil Nathanael sich vergeblich darum bemüht, die aufkommende Panik zu unterdrücken. Die Dramatik gewinnt aber erst dadurch an Stärke, dass der Erzähler diese individuellen Versuche der Selbstberuhigung durch eindeutige Hinweise auf eine objektiv bestehende Gefahr unterläuft. Er verwendet eine Vielzahl von negativ konnotierten Wörtern welche den Eintritt des fremden Besuchers in die Stube des Helden als ein diabolisches Geschehen ausweisen und dadurch die Spannung steigern. Dass der Erzähler nach eigenem Bekunden nicht allwissend ist, sondern an den Ereignissen lediglich als Beobachter teilhat, ergibt sich aus seinen Selbstauskünften, in welchen er einräumt, dass auch er nur ein eingeschränktes Vermögen zur Wiedergabe des „wirkliche[n] Leben[s]" (19) besitzt, welches „der Dichter doch nur, wie in eines matt geschliffnen Spiegels dunklem Widerschein, auffassen könne" (ebd.).

Dramatisierung der Ereignisse durch den Erzählerbericht

Der auktoriale Erzähler betont die Subjektivität und Unzuverlässigkeit seines Erzählens

Ein letzter Hinweis darauf, dass auch der Erzähler keine Autorität ist, welche die Ausdeutung der Fiktion in letzter Instanz bestimmt, ergibt sich aus der Art und Weise, mit welcher er die Informationen im letzten Abschnitt der Geschichte durch grammatikalische Formen der bloßen Vermutung und spekulativen Annahme relativiert:

Leerstellen in Der Sandmann

„Nach mehreren Jahren will man in einer entfernten Gegend Clara gesehen haben, wie sie mit einem freundlichen Mann, Hand in Hand, vor der Türe eines schönen Landhauses saß und vor ihr zwei muntre Knaben spielten. Es wäre daraus zu schließen, dass Clara das ruhige häusliche Glück noch fand, was ihrem heitern lebenslustigen Sinn zusagte und das ihr der im Innern zerrissene Nathanael niemals hätte gewähren können." (42)

Analoge Leer-
stellen in „Das
Haus in der Doro-
theenstraße"

Eine ähnliche Auflösung des Endes der Erzählung ins mehr oder weniger Nebelhafte und Unbestimmte findet sich am Schluss der Novelle „Das Haus in der Dorotheenstraße". Noch viel deutlicher allerdings als der Erzähler in *Der Sandmann* weist derjenige in Hartmut Langes Novelle ausdrücklich darauf hin, dass er keinen direkten Zugriff mehr auf die Ereignisse der Folgehandlung besitzt. Diese entziehen sich aus unbekannten Gründen seiner unmittelbaren Kenntnis, so dass auch die Leserinnen und Leser den Wegen und möglichen Irrwegen ihrer Fantasien überlassen bleiben.

In beiden Geschichten, die jeweils Geschichten eines Verlusts der Kontrolle über die Wirklichkeit sind, erweist sich demnach auch der Erzähler als ein Mensch, der wie seine Protagonisten nur begrenzte Möglichkeiten zur manipulativen Gestaltung von Lebensvollzügen hat. Wie Nathanael in *Der Sandmann* und Gottfried Klausen in „Das Haus in der Dorotheenstraße", so treten auch deren Erzähler ihren Einfluss auf den Lauf der Dinge an ein offenbar unabänderliches Schicksal ab.

Autor und Werk

KURZINFO

Vom Theater zur erzählenden Literatur, von der Sozialutopie zum Individuum

- Der Schriftsteller Hartmut Lange (*1937) stammt aus kleinbürgerlichen Verhältnissen.
- Er wächst in der Zeit des Nationalsozialismus auf und erlebt die Flucht seiner Eltern aus dem Osten des Hitler-Reiches.
- Die weitere Kindheit, seine Jugend und die Zeit als junger Erwachsener verbringt er in der Deutschen Demokratischen Republik (DDR).
- In Ost-Berlin nimmt er ein Dramaturgie-Studium auf und begeistert sich für den Sozialismus.
- Er arbeitet als Dramaturg und Dramatiker in Ostdeutschland, bis er mit seiner Familie wenige Jahre nach dem Mauerbau aus der DDR flieht, weil er mit dem kommunistischen System nicht mehr einverstanden ist.
- In West-Berlin kann er seinen Beruf an verschiedenen Theatern ausüben, bis eine Lebenskrise ihn den Glauben an gesellschaftliche Utopien verlieren lässt.
- Unter dem Eindruck der Philosophie von Friedrich Nietzsche wendet er sich in Erzählungen dem einzelnen Menschen und dessen Leben zu.
- Hartmut Lange hat für sein umfangreiches Werk, darunter vor allem Novellen und Erzählungen, zahlreiche Preise erhalten.

Hartmut Lange, der als „bedeutendster Novellist deutscher Sprache und unserer Zeit" (Lothar Schröder, „Zweifeln am Sinn des Lebens. Zum 80. Geburtstag des großen Novellisten Hartmut Lange", in: *Rheinische Post*, 31. März 2017; http://www.rp-online.de/kultur/zweifeln-am-sinn-des-lebens-aid-1.6725221) gilt, blickt auf ein bewegtes Leben zurück. Er wird am 31. März 1937 in Berlin-Spandau als Sohn eines Metzgergesellen und einer Verkäuferin geboren und wächst von 1939 bis 1946 in Polen auf, wo der Vater als Leiter einer Gendarmerie in dem reichsdeutschen Reichsgau Posen bzw. Wartheland im Dienste der Nationalsozialisten tätig ist. Hartmut Lange erinnert sich an häufige Aufenthalte von Männern der SS im Hause der Familie. Zu Beginn des Jahres 1945 fliehen seine Eltern mit ihm inmitten der Frontkämpfe bei bis zu minus dreißig Grad vor der anrückenden Roten Armee der Sowjetunion, wobei sie unentwegt tödlichen Gefahren ausgesetzt sind. Da

Ein bewegtes Leben

> „explodierte eine Munitionsfabrik, so daß Wagen und Pferde durcheinanderrasten. Tiefflieger tauchten auf, wir waren immer gezwungen, unter den Wagen Schutz zu suchen.

Das Kind Hartmut wird Zeuge von Krieg und Zerstörung

> Zuletzt, als wir schon von der Roten Armee eingekesselt waren, versuchte mein Vater durchzubrechen. Es war Nacht, wir fuhren mit dem Pferdewagen durch den Wald, man hörte ununterbrochen Maschinengewehrfeuer, und als wir den Wald hinter uns hatten, sahen wir brennende Gehöfte."
> (H. Lange, *Irrtum als Erkenntnis. Meine Realitätserfahrung als Schriftsteller*, Zürich: Diogenes, 2002, S. 12)

Der Junge wird Zeuge, als russische Soldaten seinen Vater gefangen nehmen. Seine Mutter und er verbringen die Folgezeit in einem Gefangenenlager, in welchem für die Internierten katastrophale Lebensbedingungen herrschen. Von dort kehren die beiden im Jahre 1946 nach Berlin zurück.

Der junge Erwachsene geht zum Theater

Obwohl er die Oberschule ohne Abschluss verlässt, kann der Zwanzigjährige sich 1957 zwar ohne Abitur, aber mit seinem ersten Romanfragment erfolgreich für ein Dramaturgie-Studium an der Filmhochschule in Potsdam-Babelsberg immatrikulieren. In den dortigen Seminaren erlernt er das Verfassen von Drehbüchern begeistert sich für die Philosophie von Georg Friedrich Wilhelm Hegel (1770–1831) sowie für die von Karl Marx (1818–1883) und entwickelt die sozialrevolutionäre Theorie einer Überwindung des Kapitalismus durch den Klassenkampf:

Ein fortschrittsgläubiger Sozialist mit marxistischer Weltanschauung

> „In den Seminaren […] wurde uns gesellschaftliche Realität als vorgegebene Tendenz vermittelt, das heißt, wie in Hegels Philosophie verlief die Geschichte nach einem teleologischen Prinzip, mit dem Unterschied: Hegel definiert dies als Selbsterkenntnis des absoluten Weltgeistes, nach Marx erkennt sich der Mensch in seinen Produktionsprozessen lediglich selbst. Aber das Schema wurde beibehalten. Nach Marx gibt es in der Geschichte des Menschen eine Tendenz zur Selbsterlösung, und es sind die Produktionsverhältnisse, die es auf vernünftige Weise zu regeln gilt. Es ist also eine Frage der Zeit, wann er fähig und willens wird, die klassenlose Gesellschaft zu errichten. Und wie Hegel den absoluten Weltgeist als Endpunkt einer Erkenntniseschatologie feiert, so feiert der Marxismus die kommunistische Produktionsweise als letzte Bestimmung der menschlichen Vernunft […].
> Ich war sicher, daß hier ein neues, ein gerechteres Zeitalter mit den Mitteln der Diktatur des Proletariats herbeigezwungen werden sollte und daß es darauf ankam, die gesellschaftliche Realität auf richtige, das heißt auf marxistische Weise zu deuten." (Lange 2002, S. 21 f.)

Nachdem er 1960 aus disziplinarischen Gründen von der Hochschule ausgeschlossen worden ist, stellt er im Sommer mit den *Senftenberger Erzählungen* sein erstes Theaterstück fertig. Von 1961 bis 1964 arbeitet Lange als Dramatiker und Dramaturg am Deutschen Theater in Ost-Berlin, bevor er 1965 mit seiner Ehefrau und mit seinem kleinen Sohn die DDR verlässt, weil ihm der enge Kunstbegriff des sozialistischen Realismus, der bloß „die Soziallehre von Marx, Engels, Lenin, Stalin poetisch legitimier[te]" (Lange 2002, S. 27), für sein eigenes Schreiben nicht mehr genügt. Zudem hat er inzwischen massive Zweifel an der Ideologie des kommunistischen Systems entwickelt, nachdem er von den Verbrechen des stalinistischen Terror-Regimes in der Sowjetunion Kenntnis erhalten hat. (Zu den biographischen Informationen aus der Zeit bis 1965 vgl. Hertling 1994, S. 257.)

Von der Theorie zur Praxis: Hartmut Lange veröffentlicht erste Werke und arbeitet im Theater

Bruch mit der kommunistischen Ideologie und Flucht aus der DDR

Entsetzen über die Verbrechen des sowjetischen Stalinismus

Seit seiner abenteuerlichen Flucht arbeitet er vor allem als Dramaturg an verschiedenen Theatern in West-Berlin, so beispielsweise an der Schaubühne am Halleschen Ufer, am Schiller-Theater und am Schlosspark-Theater, bis „ihn Anfang der Achtzigerjahre eine philosophische Krise" in der Form einer "Schreib- und Existenzkrise" (Ulrich Rüdenauer, „Ruhend im freien Fall. Hartmut Lange wird 80", in: *Süddeutsche Zeitung*, 30. März 2017; http://www.sueddeutsche.de/kultur/hartmut-lange-wird-ruhend-im-freien-fall-1.3443902) in eine schwere Depression führt. Er empfindet plötzlich eine große Gleichgültigkeit gegenüber einem Theater, das sich darauf beschränkt, die Theorien und Begriffe des Sozialismus in gesellschaftskritischen und sozialutopischen Stücken zu inszenieren, anstatt, wie Lange nun meint, sich im Sinne des Philosophen Martin Heidegger (1889–1976), mit der grundlosen Geworfenheit der individuellen Existenz auseinanderzusetzen.

Sinnkrise und Bewusstseinswandel

Diesen Moment der Neubesinnung und des existenziellen Umbruchs setzt Lange in Bezug zu der Erschütterung, die der französische Mathematiker, Physiker und Philosoph Blaise Pascal (1623–1662) nach jahrelangen mathematischen und naturwissenschaftlichen Studien angesichts der kosmischen Bedeutungslosigkeit und Nichtigkeit des Menschen erfuhr und in seinen *Gedan-*

Philosophisch begründete Hinwendung zum einzelnen Menschen ken über die Religion und einige andere Gegenstände (frz. *Pensées*, 1669/70) zu Papier brachte:

> „Denn was ist schließlich der Mensch in der Natur? Ein Nichts im Vergleich mit dem Unendlichen, ein All im Vergleich mit dem Nichts, ein Mitteldling zwischen nichts und allem, unendlich weit davon entfernt, die Extreme zu erfassen; das Ende der Dinge und ihre Anfänge sind ihm in einem undurchdringlichen Geheimnis unerbittlich verborgen.
> Er ist gleichermaßen unfähig, das Nichts zu sehen, dem er entrissen wurde, und das Unendliche, das izhn verschlingt."
> (Blaise Pascal, *Gedanken*, aus dem Französischen von Ulrich Kunzmann, Kommentar von Eduard Zwierlein, Berlin: Suhrkamp, 2012, S. 16)

Gleich dem „Pascalsche[n] Erschrecken" (Lange 2002, S. 35), das dem „Sein zum Tode" (ebd., S. 37) gilt, weiß auch Lange keine Antwort mehr auf die Leere, die sein Zweifel an der Erkenntnisfähigkeit des Menschen erzeugt hatte. Er befindet sich in einem Schwebezustand zwischen nihilistischer Verzweiflung und dem Bemühen um Transzendenz, ein Zustand, der ihn einige Jahre lang sogar arbeitsunfähig macht (vgl. ebd. 40).

> „Der Rationalist, der Lange bis dahin als Leser von Hegel und Marx gewesen war, trudelte nun in seiner transzendentalen Obdachlosigkeit eine ganze Weile haltlos dahin. Halt fand er dann doch. Nicht wie Kierkegaard, indem er sich Gott zu beweisen suchte. Sondern durch die Lektüre Nietzsches und Heideggers, die ihm seine eigenen Erfahrungen widerspiegelten. Lange freundete sich mit der ‚Willkür des Subjektiven' an. ‚Im freien Fall' sei er dann irgendwann zur Ruhe gekommen."
> (Ulrich Rüdenauer, „Ruhend im freien Fall. Hartmut Lange wird 80", in: *Süddeutsche Zeitung*, 30. März 2017; http://www. sueddeutsche.de/kultur/hartmut-lange-wird-ruhend-im-freien-fall-1.3443902)

Radikale Zweifel an den scheinbaren Gewissheiten

Mit den Begriffen von der ‚Willkür des Subjektiven' und des ‚freien Falls' bezieht sich Lange auf die Philosophie Friedrich Nietzsches, der die „Existenz aus dem Regellosen, aus dem Absurden" (Lange 2002, S. 41) begründet und ihr einzig aus dem Geist des Nihilismus einen subjektiven Wahrheitsgrund verschafft.

Epische statt dramatischer Texte

Seit Beginn der 80er-Jahre erscheinen bis heute vor allem Erzählungen und Novellen, in denen der Autor „die Entdeckung des Selbst" (ebd., S. 35) in Variationen einer

„Psychopathologie des Alltags" (ebd., S. 51) entfaltet. Im „Einbruch des Unerkennbaren" (ebd., S. 48) und „des Unbekannten" (ebd., S. 51) gerät für die Protagonisten dieser Geschichten die Realität „langsam, aber sicher aus den Fugen" (ebd., S. 50), so dass sie ihnen und den Lesern zum Geheimnis wird. Die plötzliche Begegnung mit dem Unheimlichen und Bedrohlichen wirft die Figuren auf die Abgründe ihrer Seele und auf ihre Vergänglichkeit zurück. Die materielle, soziale und historische Wirklichkeit des Lebens scheint aufgehoben, und der Mensch wird in vollkommener Vereinzelung mit sich allein gelassen.

③ Schnellcheck

Übersicht 1: Die Handlungsstruktur der Novelle „Das Haus in der Dorotheenstraße"

Kapitel 1	Kapitel 2	Kapitel 3	Kapitel 4	Kapitel 5	Kapitel 6
Berlin/ Kohlhasenbrück Wohnort des Ehepaares Gottfried und Xenia Klausen	Journalistische Tätigkeit Gottfried Klausens als Auslandskorrespondent; berufliche Entwicklung vom Erfolg bis zum Niedergang aus privaten Gründen Äußere, räumliche Trennung von Mann und Frau; wachsende innerseelische Entfremdung		London		Berlin/ Kohlhasenbrück Wohnhaus des Ehepaares Klausen
Winter: Februar 2011	Mitte Februar bis Ende März	Frühling: April und Mai	Naturereignis: Vulkanausbruch in Island am Samstag, 21. Mai 2011		Zeit der Kastanienblüte
	Besuch einer Inszenierung von Shakespeares Othello, der Darstellung eines Mordes aus Eifersucht			Zweiter Besuch der Othello-Inszenierung; Abbruch des Theaterbesuchs gegen Ende des vierten Akts	
					Abbruch der ehelichen Beziehung

	Vergeblicher nächtlicher Anruf bei Xenia	Telefonat mit Xenia; ihre zögerliche Bereitschaft zu einem Flug nach London		Telefonischer Urlaubsantrag beim Chefredakteur in Berlin	
Abflug von Berlin-Schönefeld nach London		Gottfried Klausen erwartet seine Frau vergeblich am Flughafen Heathrow.	Aufbruch zum Flughafen Heathrow in der Absicht eines Fluges nach Berlin; Annullierung der Flüge, vermutlich am Dienstag, 24. Mai 2011	Ankündigung einer Reise nach Island gegenüber dem Chefredakteur	
				Keine weiteren telefonischen Kontakte mit Xenias Handy	
		Anruf bei Xenia; Männerstimme am Apparat	Anruf bei Xenia; Männerstimme am Apparat		
		Telefongespräch mit Xenia: Ankündigung eines Besuchs in Berlin			Mysteriöse Hinweise auf den nächtlichen anonymen Besucher im Haus in der Dorotheenstraße, der möglicherweise dort einen Mord begeht

Schnellcheck

Übersicht 2: Langes Novellen als Darstellungen individueller Lebenskrisen

„Die Ewigkeit des Augenblicks"

Ende einer glücklichen Paarbeziehung durch den Tod der geliebten Partnerin

 Sturz in den Abgrund von Einsamkeit und Verzweiflung

„Der Bürgermeisten von Teltow"

Ende einer erfolgreichen bürgerlichen Existenz durch psychische Erkrankung

 Sturz in den Abgrund des Wahnsinns

„Das Haus in der Dorotheenstraße"

Ende einer vordergründig intakten Paarbeziehung durch vermeintlichen Ehebruch der Partnerin

Sturz in den Abgrund von Leere, Dunkelheit und Gewalt

„Die Cellistin"

Imaginäre Begegnung mit einer toten Musikerin

 Erhebung der Gefühle durch Musik

„Der Schatten"

Ende einer pseudo-harmonischen Ehe- und Familiengemeinschaft durch Vertrauensbruch

 Sturz in den Abgrund der Fortsetzung negativer Lebensverhältnisse

Übersicht 3: Zentrale Themen der Novellensammlung

Existenzielle Grenzerfahrungen

- Tod (1)
- Krankheit (2)
- Trennung (3)
- Zauber der Musik (4)
- Zerstörung einer Pseudo-Idylle (3, 5)

Bewegung und Bewegungslosigkeit

- Brücken (1, 2, 3, 4)
- Autos, Taxis (1, 2, 4, 5)
- Flugzeuge (1, 3)
- Wohnungen, Innenräume (1, 2, 3, 5)
- Schlaf (2, 3)

Extreme Gefühle

- Angst (2)
- Sehnsucht (1, 4)
- Trauer (1)
- innere Leere (1, 3)
- Einsamkeit (1, 2, 3, 5)
- Sinnestäuschungen (2, 4, 5)

Themen der Novellensammlung

Kunstgegenstände als Medien der Selbstvergewisserung oder der Selbstentfremdung

- Gemälde (1)
- Gedichte (2)
- Theater (3)
- Musik (1, 4)

Wiederkehrende Naturmotive

- Fauna und Flora (1, 2, 4, 5)
- Regen (1, 3, 4)
- Gewässer (1, 3, 4)
- Vögel (1, 2, 4)

Illusionen und Desillusionen

- Vergänglichkeit und Endlichkeit des Daseins (1)
- Geisterscheinung einer weltberühmten Musikerin (4)

Gespräche und Sprachlosigkeit in der Beziehung von Mann und Frau

(1, 2, 3, 4, 5)

- Männerstimme am Telefon der Ehefrau (3)
- Krähen als reale Lebewesen und als Wahnvorstellung (2)
- Ehepartner als Phantom und Lügner (5)

Die Ziffern beziehen sich auf die Novellen des Bandes:
„Die Ewigkeit des Augenblicks" (1), „Der Bürgermeister von Teltow" (2),
„Das Haus in der Dorotheenstraße" (3), „Die Cellistin" (4), „Der Schatten" (5)

Übersicht 4: „Das Haus in der Dorotheenstraße" – eine Novelle

Gattungsspezifische Merkmale der Novelle

1
Die Novelle ist eine „Schwester des Dramas" (Theodor Storm).

2
Bilder von Gegenständen, Tieren oder Pflanzen symbolisieren innere Zusammenhänge (Dingsymbole).

3
Die Novelle handelt von einem (extrem) krisenhaften Moment und Wendepunkt im Leben eines Menschen.

4
Die Anzahl der Personen ist begrenzt.

5
Die erzählte Geschichte bezieht sich auf die reale Welt.

6
Die Charaktere verändern sich im Laufe der Handlung nicht.

7
Die Handlung ist von begrenztem Umfang, sie umfasst oft nur wenige Seiten.

8
Denn „was ist eine Novelle anders als eine sich ereignete, unerhörte Begebenheit" (Goethe).

4 Prüfungsaufgaben und Lösungen

1. Analyse eines Textauszugs aus der Novelle „Das Haus in der Dorotheenstraße"

2. Das Welt- und Menschenbild in Hartmut Langes Novellen

3. Vergleich der Erzählanfänge von *Die Marquise von O…*, *Der Sandmann* und „Das Haus in der Dorotheenstraße"

4. Intertextuelle Bezüge: „Das Haus in der Dorotheenstraße" – *Othello*

1. Analyse eines Textauszugs aus der Novelle „Das Haus in der Dorotheenstraße"

Aufgabenstellung

Analysieren Sie das Kapitel 4 der Novelle „Das Haus in der Dorotheenstraße" unter besonderer Berücksichtigung der folgenden Fragen:

1.1 Was ist der Inhalt der Novelle? Was ist der Inhalt des Kapitels 4? Welchen Stellenwert besitzt es innerhalb der Gesamthandlung der Novelle?

1.2 Welche Informationen erhält man über den Protagonisten? Wie verhält er sich? Welche Wahrnehmungen und Gefühle stehen im Vordergrund? Welche Schlussfolgerungen ergeben sich auf der Grundlage dieser Informationen im Hinblick auf die Person / den Charakter des Protagonisten?

1.3 Wie werden die Ereignisse erzählt? Aus welcher Perspektive erhalten Leserinnen und Leser die Informationen über das Geschehen? Lässt sich möglicherweise ein auktorialer Erzähler erkennen, der Handlungen und Verhaltensweisen des Protagonisten bewertet? Welche Auswirkungen hat die spezifische Erzählweise auf das Erleben der Leserin / des Lesers?

Lösungsvorschlag

Zu 1.1

Der deutsche Auslandskorrespondent Gottfried Klausen hält sich im Auftrag der Zeitung, für die er arbeitet, für längere Zeit in London auf. Es ist geplant, dass seine Frau Xenia ihm zwar erst später aus Berlin nachreist, dann aber bei ihm in der britischen Hauptstadt bleibt. Bei Anrufen in Berlin verdichten sich allerdings Hinweise darauf, dass Xenia einen Liebhaber hat und nicht mehr ernstlich daran denkt, ihrem Mann nach London zu folgen.

Um nun seinerseits nach Berlin zu reisen, erledigt der Journalist über einen Zeitraum von mehreren Wochen die notwendigen publizistischen Aufgaben. In der Nacht vor seinem Abflug verriegelt er die Fenster seiner Wohnung wegen eines Brandgeruchs, dessen Ursprung augenblicklich ungeklärt bleibt. Erst am nächsten Morgen erfährt Gottfried Klausen, dass nach dem Ausbruch eines isländischen Vulkans der Flugverkehr über England beeinträchtigt ist. Als er nach einer längeren Wartezeit im Flughafen Heathrow schließlich die Mitteilung erhält, dass der Flug nach Berlin gestrichen ist, ruft Klausen bei seiner Frau an, um sie darüber zu informieren. Am anderen Ende der Telefonleitung antwortet ihm jedoch nicht Xenia, sondern eine fremde Männerstimme, die ihn nach seinem Namen fragt. Kurz darauf vernimmt Klausen am Hörer „ein Flüstern" und „dann im Hintergrund ein unterdrücktes Lachen" (86), das von Xenia stammt. In auffälligem Gegensatz zu seinen bislang rationalen Verhaltensweisen stellt Klausen keinerlei Nachforschungen an.

Während er sich schon der wachsenden Ungewissheit hinsichtlich der Frage ausgesetzt sieht, was wohl seine Frau während seiner Abwesenheit in Berlin tun mag, sucht er Gewissheit im beruflichen Alltag: Er erledigt nicht nur rasch „die anstehenden Kommentare und Berichte", um sich „dadurch die Zeit für einen längeren Aufenthalt in Kohlhasenbrück zu verschaffen", sondern er „überprüft und korrigiert" seine Texte „nochmals" (84) sorgfältig. Am Morgen seines geplanten Abflugs „blätterte er nochmals in seinem PC, sonderte die Korrespondenz [...] aus" und „verstaute im Koffer die Geschenke, die er für Xenia gekauft" (85) hat. Durch die systematische Durchführung der noch zu erledigenden Arbeitsschritte sucht er Kontrolle über die Dinge zu gewinnen, die er dann doch verliert. Denn obwohl er „[d]as Flugticket [...] bereits in der Tasche" (84) hat, wird er den Flug nicht antreten können.

Zu 1.2
Der Protagonist sieht sich mit einer neuen, fremden Wirklichkeit konfrontiert, die ihn zutiefst verstört und existenziell verunsichert. Das Netz aus vertrauten Gewohnheiten, die seinem bisherigen Leben Halt verliehen, zerreißt mit einem Mal. Rätselhafte Verhaltensweisen seiner Frau, eine unerklärliche Stimme an ihrem Handy und ein plötzlicher Vulkanausbruch erschüttern das Vertrauen des Protagonisten in die bislang vordergründige Ordnung seines Daseins. Angesichts des Vulkanausbruchs lassen sich keine sicheren Prognosen mehr stellen: Man „konnte noch nicht sagen, wohin der Wind die Aschewolke treiben würde, und solange dies nicht geklärt war, stand der Flugverkehr in England still" (85). Klausens durchrationalisierte Welt entzieht sich auf einmal dem Kalkül von Vernunft und Verstand. Von nun an wird der Mann beherrscht von vergeblichen Hoffnungen (er „hoffte [...] auf ein paar Stunden Schlaf", 84), Gefühlen („Es war, wie ihm schien, nichts Gefährliches", ebd.) und Stimmungen („Merkwürdig der Anblick der überfüllten Hallen", 85). Als die Maschine nach Berlin nicht starten kann, ist „Klausen enttäuscht, hoffte aber darauf, dass es ihm [...] gelingen würde, auf einen anderen Flug umzubuchen" (86). Am Höhepunkt seiner Ohnmacht greift er schließlich auf eine völlig sinnlose Hoffnung wie auf einen Rettungsanker zurück: Nachdem er am Telefon die Männerstimme und danach das Lachen und Flüstern seiner Frau gehört hat, ‚hofft‘ Klausen noch, „dass er sich getäuscht" (ebd.) hat.

Zu 1.3
Die Hoffnung auf einen Irrtum bewahrheitet sich selbstverständlich nicht, weil Gottfried Klausen vorsätzlich oder unwissentlich eine Strategie der Selbsttäuschung betreibt. Indem die Leserinnen und Leser auf die Perspektive des fassungslosen Helden zurückgeworfen sind, bleiben sie auch auf die spärlichen Informationen angewiesen, die der Protagonist besitzt, um das, was er wahrnimmt und erlebt, zu deuten. So müssen auch den Leserinnen und Lesern die erzählten Geschehnisse rätselhaft und als Vorgänge erscheinen, wel-

che aufgrund ihrer subjektiven Undurchschaubarkeit und objektiven Unkontrollierbarkeit Ängste auslösen. Zusammen mit dem Protagonisten erleben sie dessen Hilflosigkeit angesichts der ‚sinnlosen' Lautsprecherdurchsagen in den Abfertigungshallen, wo man nach der Einstellung des Flugbetriebs „ständig das Gleiche zu hören" (85) bekommt und nicht mehr eigenmächtig handeln kann.

Der auktoriale Erzähler, welcher sich innerhalb der Novelle „Das Haus in der Dorotheenstraße" ohnehin nur vereinzelt zu Wort meldet, verstummt im vierten Kapitel gänzlich, so dass auch diese Instanz hier keine Verständnishilfe bietet.

2. Das Welt- und Menschenbild in Hartmut Langes Novellen

Aufgabenstellung

Erarbeiten Sie die Gemeinsamkeiten der Darstellung der Hauptpersonen und ihres Lebens in Hartmut Langes Novellen „Die Ewigkeit des Augenblicks", „Der Bürgermeister von Teltow" und „Der Schatten".

Lösungsvorschlag

Die Novellen in Hartmut Langes Sammelband *Das Haus in der Dorotheenstraße* aus dem Jahre 2013 handeln von völlig unterschiedlichen Menschen und Ereignissen, spiegeln aber alle ein bestimmtes Welt- und Menschenbild, welches das Individuum in seiner ‚transzendentalen Heimatlosigkeit‘ zeigt. Es ist in der Verlorenheit seines wechselvollen Daseins nicht mehr in der Lage, einen Sinnzusammenhang für das eigene Leben wahrzunehmen, sobald eine schwerwiegende Krise das Bestehende bedroht und vernichtet.

Da ist zum Beispiel Michael Denninghoff, der in „Die Ewigkeit des Augenblicks" nach dem frühen und plötzlichen Tod seiner Ehefrau Kathrin seinen bisherigen Beruf als Architekt sowie die Wohnung aufgegeben hat, um als Taxichauffeur ruhelos durch die Straßen von Berlin und das Umland der Hauptstadt zu fahren. In der Hoffnung auf eine Vergegenwärtigung des einstigen Glücks sucht er Orte privater Erinnerungen auf, um – allerdings vergeblich – Zeichen zu entdecken, die ihm bei der Bewältigung seiner Trauer helfen können. Am Schluss verliert sich die Spur dieses Mannes im Niemandsland rings um den Teltowkanal.

Wie Michael Denninghoff steht auch Andreas Schmittke, der „Bürgermeister von Teltow", am Abgrund seines Daseins, als er mitten in einem rastlosen, aber subjektiv erfüllten Leben als erfolgreicher Kommunalpolitiker das Gefühl bekommt, von Krähen verfolgt zu werden. Mit verzweifelten Maßnahmen zur Beherrschung seiner Panik kämpft er gegen seine paranoiden Vorstellungen an, um am Ende feststellen zu müssen, dass er unzweifelhaft wahnsinnig geworden ist. Mit dem Eingeständnis dieser Wahrheit zerbricht der bisherige Schein einer glücklichen familiären und beruflichen Existenz, die jedoch, folgt man den Informationen der Novelle, durch eine ziellose Ausrichtung an vordergründigen Erfolgen und durch Prestigedenken geprägt und damit weit entfernt von den Bedingungen zu einer bejahenswerten Lebensgestaltung gewesen ist.

Wie in den beiden genannten Novellen ist auch Steffi Trautwein, die einzige weibliche Hauptfigur innerhalb der Novellensammlung, nicht in der Lage, das Schreckliche, das auf einmal Macht über sie gewinnt, abzuwehren und sich der zerstörerischen Kraft des Bösen zu stellen. Dass ihr Mann Philipp, mit dem sie eine vierzehnjährige Tochter hat, als reisender Firmenberater ein Doppelleben führt, kann die Inhaberin eines Ladenlokals in Potsdam nach eindeutigen Hinweisen aus ihrem Umfeld nicht mehr länger verdrängen. Dennoch weigert sie sich bis zum Schluss, aus der unwiderruflichen Entfremdung von ihrem Mann die erforderlichen Konsequenzen zu ziehen. Stattdessen erhält sie den Schein eines intakten bürgerlichen Familienlebens aufrecht und verharrt in einem Zustand der Selbsttäuschung.

Alle Hauptfiguren sind Männer und Frauen mittleren Alters, die innerhalb einer urbanen Gesellschaft (Berlin und Umland der Metropole) in äußerlich geordneten partnerschaftlichen und/oder familiären Verhältnissen leben. Durch ein unerwartetes Ereignis (Tod der Partnerin, psychische Erkrankung, Doppelleben des Partners) werden sie aus der vordergründigen Geborgenheit und vermeintlichen Stabilität ihres bürgerlichen Lebens in die Wirklichkeit einer chaotischen, unkontrollierbaren Welt katapultiert. Auslösende Faktoren für den Verlust aller Gewissheiten sind die Polaritäten der menschlichen Existenz (Tod, Krankheit und das Böse im Menschen).

Die Novellen handeln von der vergeblichen Suche dieser Menschen nach Auswegen aus ihrer existenziellen Krise. Der praktizierte, fragwürdige Lösungsansatz besteht in allen Fällen darin, die scheinbare Ordnung und Pseudo-Sicherheit des bisherigen Lebens wiederherzustellen. Dies geschieht durch Maßnahmen der Verdrängung in Formen der (mutmaßlichen) Selbsttötung, der Sprachlosigkeit und der Selbstaufgabe.

Mit dem Befund der Irrationalität natürlicher Lebenszusammenhänge, die sich menschlichen Einflüssen entziehen, thematisieren die Novellen an literarischen Fallbeispielen das Scheitern von Lebensentwürfen des Menschen in einer grundsätzlich undurchsichtigen Welt. Sie verzichten dabei auf moralische Urteile und erzeugen Mitgefühl für Menschen im Unglück, verzichten aber nicht auf Hinweise auf deren eigenen und möglicherweise schuldhaften Beitrag zur Selbstzerstörung.

3. Vergleich der Erzählanfänge von *Die Marquise von O…*, *Der Sandmann* und „Das Haus in der Dorotheenstraße"

Aufgabenstellung

Analysieren Sie die im Folgenden genannten Erzählanfänge im Hinblick auf Gemeinsamkeiten und Unterschiede. Berücksichtigen Sie dabei die jeweiligen Inhalte, Strukturen (Aufbau, Personengefüge, Raum und Zeit, Besonderheiten der sprachlichen Darstellung), Erzähltechniken wie zum Beispiel die Gestaltung der Zeitangaben (Retrospektiven usw.) und die Gestaltung der Erzählsituation (auktorial, personal, Ich-Erzählsituation).

3.1 Heinrich von Kleist, *Die Marquise von O…*, Stuttgart: Reclam, 2004, S. 3, Z. 4–27: „In M…, einer bedeutenden Stadt im oberen Italien, […] bis der … Krieg plötzlich die Gegend umher mit den Truppen fast aller Mächte und auch mit russischen erfüllte."

3.2 E. T. A. Hoffmann, *Der Sandmann*, Stuttgart: Reclam 2003, S. 3, Z. 2–25: *„Nathanael an Lothar:* Gewiss seid Ihr alle voll Unruhe, […] aber jetzt hältst Du mich gewiss für einen aberwitzigen Geisterseher."

3.3 Hartmut Lange, *Das Haus in der Dorotheenstraße*, Zürich: Diogenes, 2013, S. 73 f.: „Der Teltowkanal verläuft, wie gesagt, im Süden Berlins […] beinahe wie ein Musterbeispiel aus dem Art déco."

Lösungsvorschlag

Gemeinsamkeiten

- Die unvermittelte Einführung in eine fremde Ausgangssituation erzeugt Spannung und weckt die Neugier der Leserinnen und Leser im Hinblick auf den Fortgang der Handlung. Die Anfänge der Erzählungen berichten von einer geheimnisvollen Zeitungsanzeige und vom Ausbruch eines Krieges (*Die Marquise von O…*), vom Eintritt einer Katastrophe in das Leben eines Studenten (*Der Sandmann*) und von einer Idylle, die zwischen den Zeilen erkennen und erwarten lässt, dass sie trügerisch ist und nicht von langer Dauer sein wird („Das Haus in der Dorotheenstraße").

- Eine große Zahl der wichtigsten Figuren der jeweiligen Handlung wird in allen drei Erzählungen gleich zu Beginn genannt, so dass das Leserpublikum sogleich über die familiären (*Marquise von O…*), über die freundschaftlichen und amourösen (*Der Sandmann*) sowie über die ehelichen Bindungen („Das Haus in der Dorotheenstraße") informiert ist.

- Die Erzählweise zeichnet sich in allen drei Textbeispielen durch mehr oder weniger lange hypotaktische Sätze (Satzgefüge mit Haupt- und untergeordneten Nebensätzen oder Satzgliedern) aus, in denen die Informationen durch viele Begriffe der subjektiven Wertung aufgeladen sind. Während Kleist dabei gern Superlative benutzt (z. B. „auf das innigste und zärtlichste zugetan"), verwendet der Briefeschreiber in *Der Sandmann* insbesondere dort, wo es um das Entsetzliche geht, das ihm widerfahren ist, eine Fülle von Synonymen zur Bezeichnung des Schrecklichen („Dunkle Ahnungen eines grässlichen mir drohenden Geschicks breiten sich wie schwarze Wolkenschatten über mich aus, undurchdringlich jedem freundlichen Sonnenstrahl"). Auch der Erzähler in „Das Haus in der Dorotheenstraße" pflegt eine bildhafte Sprache zur Darstellung etwa des Wohnhauses von Gottfried und Xenia Klausen.

Unterschiede

- In *Die Marquise von O…* fasst der Erzähler in einer Rückblende Ereignisse zusammen, die sich über einen mehrere Jahre umfassenden Zeitraum erstrecken (auktoriale Erzählsituation). Man erfährt von der Ehe der Heldin mit dem Marquis von O…, von ihrer doppelten Mutterschaft, vom Tod ihres Mannes und von ihrem Leben im Haus der Eltern.

- *Der Sandmann* beginnt mit einer Ich-Erzählsituation in einem Brief des Protagonisten Nathanael an seinen Freund Lothar, der zugleich der Bruder seiner Geliebten Clara ist. Später folgt ein Brief von Clara an Nathanael, bevor ein auktorialer Erzähler das Geschehen aus epischer Distanz berichtet. Aus der zunächst subjektiven Brechung der Ereignisse durch diverse Akteure kristallisiert sich so die Stimme des Erzählers heraus, der schließlich die Deutungshoheit über das Geschehen übernimmt.

- In „Das Haus in der Dorotheenstraße" legt der auktoriale Erzähler großen Wert auf eine genaue Darstellung des Handlungsortes, der zugleich mit einem realen geographischen Raum im Südwesten Berlins identisch ist. Trotz oder gerade wegen der wirklichkeitsnahen Beschreibung des Handlungsortes enthält der Text viele Leerstellen, welche den vordergründigen Schein eines harmonischen Ehelebens durch diskrete Hinweise auf Unvollkommenheiten des Wohngebäudes unterlaufen.

4. Intertextuelle Bezüge: „Das Haus in der Dorotheenstraße" – *Othello*

Aufgabenstellung

Innerhalb der Novelle „Das Haus in der Dorotheenstraße" wird mehrfach auf eine Schlüsselszene aus William Shakespeares Tragödie *Othello* angespielt. Analysieren Sie den äußeren und inneren Zusammenhang zwischen der Handlung der Novelle und derjenigen des Dramas, das in den Jahren 1603/04 entstand.

Lösungsvorschlag

- Wiedergabe der Situation zu Beginn der Handlung:
  Gottfried Klausen, der Protagonist der Novelle „Das Haus in der Dorotheenstraße" von Hartmut Lange, verbringt als Auslandskorrespondent einer „überregionalen Tageszeitung" in Deutschland die erste Hälfte des Jahres 2011 in London, um dort Artikel über die britische Wirtschaft zu verfassen. Seine Frau Xenia hingegen bleibt am Stadtrand von Berlin, wo beide ein Haus in der Dorotheenstraße in Kohlhasenbrück gemietet haben.
- Gründe für den Theaterbesuch:
  Gottfried Klausen ist mit seiner persönlichen Lage schon bald nach Beginn des Aufenthalts in der britischen Hauptstadt unzufrieden, weil er auch sechs Wochen nach seiner Ankunft noch immer keine passende Wohnung gefunden hat, welche die Bedingung dafür ist, dass Xenia ihm nachreist. Das schlechte Märzwetter und die relativ monotone Arbeit („Es machte ihm Spaß, aber es war die übliche Routine [...]", 77) tragen – zusätzlich zu Isolation, Einsamkeit und Selbstentfremdung – dazu bei, dass er sich unbehaglich fühlt. In dieser Situation entschließt er sich „auf eine Empfehlung hin" (ebd.) zu einem Besuch der „berühmte[n] Royal Shakespeare Company", die Shakespeares *The Tragedy of Othello, the Moor of Venice* zur Aufführung bringt.
- Der erste Theaterbesuch – Ungläubigkeit und innere Abwehr:
  Der Protagonist der Novelle ist ein Vernunftmensch, der seine Entscheidungen und Handlungen mit Nützlichkeitserwägungen motiviert, so beispielsweise auch die Überlegung, das Haus in der Dorotheenstraße zu kaufen (vgl. 73 f.). Beim Besuch der *Othello*-Inszenierung staunt er daher, „wie ihm dort eine Welt vor Augen geführt" wird, „die nicht irgendwelchen Fakten und deren Nachweisbarkeit, sondern ausschließlich der Willkür, der Unzuverlässigkeit des schönen Scheins geschuldet" (77) ist. Dass der Ablauf des Dramas Klausens Bedürfnis nach Sicherheit widerspricht, erläutert der Erzähler am Beispiel der massiven Irritation angesichts der Ermor-

dung Desdemonas durch ihren Ehemann Othello. Dieser glaubt aufgrund einer Intrige irrtümlich, dass sie ihm untreu geworden sei.

- Der zweite Theaterbesuch – Empörung und Verdrängung:
Weist Klausen beim ersten Besuch die Geschehnisse im Drama als „vollkommen unglaubwürdig" (Kap. 2, S. 77) zurück, so ändert sich sein Verhalten beim zweiten Besuch des Schauspiels, von dem in Kap. 5 erzählt wird. Inzwischen muss der Journalist annehmen, dass seine Frau Xenia ihn mit einem anderen Mann betrügt. Der Erzähler begründet nicht, weshalb Klausen das Stück *Othello* ein zweites Mal besucht, doch liefert er mit Hinweisen auf dessen Zweifel an seiner Ehebeziehung eine indirekte Erklärung (vgl. 88). Die tiefe Verunsicherung des Protagonisten findet ihre Bestätigung in seinem widersprüchlichen Verhalten: Klausen fühlt sich einerseits von dem Schauspiel offenbar magnetisch angezogen und vital angesprochen, andererseits aber zutiefst abgestoßen. Als Rationalist empfindet er das Geschehen beim zweiten Theaterbesuch nicht mehr als unglaubwürdig, sondern als unerträglich, weil die Fiktion auf der Bühne seinen eigenen inneren Konflikt zwischen Eifersucht, Hass und Ungläubigkeit thematisiert und zu einem brutalen Ende führt. Noch vor dem Monolog, in dem Othello sein mörderisches Vorhaben rechtfertigt (Akt V, Szene 2), verlässt Klausen „gegen Ende des vierten Akts" (88) den Zuschauerraum, bevor er „der Ermordung einer Wehrlosen zusehen" muss. Er ruft sich gleichsam zur Vernunft, indem er nach dem fluchtartigen Verlassen des Theaters in einen Pub geht, „um alles, was ihm seit kurzem zu schaffen machte, nochmals zu überdenken" (89).
- Die Katastrophe:
Der Versuch, das Unfassbare zu verdrängen, scheitert. Gottfried Klausen verliert die Kontrolle über sein bislang scheinbar geordnetes Leben, während ihn Othellos Losungswort „Put out the light" (88, 90) zu beherrschen beginnt. Die Absage an die Klarheit des Lichts, metaphorischer Ausdruck einer Verdunkelung des Geistes und Zerstörung des Lebens, wird den Anfang vom Ende markieren, wenn der Ruf am Schluss erneut ertönt (vgl. 93) und eine verbrecherische Tat des Protagonisten suggeriert. Mit dem letzten Satz „Das Haus lag in völliger Dunkelheit" scheint sich die irrationale Lösung des inneren Konflikts wie ein Menetekel zu erfüllen.
- Unterschiede:
Anders als die Titelfigur in Shakespeares Schauspiel ist die Beziehung zwischen den Eheleuten in „Das Haus in der Dorotheenstraße" nicht durch Liebe und Leidenschaft bestimmt. Damit fehlt ihr die tragische Dimension des Dramas von Shakespeare, in dem Eifersucht und Hass zentrale Handlungsmotive sind. Langes Novelle stellt nicht die Verabsolutierung der Gefühle in den Vordergrund, sondern lediglich die persönliche Verletzung eines Journalisten, der sich im offenkundig ereignislosen Zusammenleben mit seiner Frau eingerichtet hat.

Dass „Das Haus in der Dorotheenstraße" die zwischenmenschlichen Verhältnisse – im Gegensatz zur dramatischen Gestaltung in der Shakespeare-Tragödie – eher im Dunkeln lässt, ändert nichts an der fortbestehenden Macht der Gefühle auch in der modernen Welt ultimativer Rationalisierung. Als Spiegel und Kontrastfolie zu dem privaten Schicksal des Journalisten Gottfried Klausen verweisen die Figur und die Tat des dunkelhäutigen Feldherrn Othello auf die zuweilen zerstörerische Natur menschlicher Gefühle und Triebe.

Literaturhinweise

Werkausgaben

Freud, Sigmund: Das Unheimliche (1919). In: S. F.: Studienausgabe. Bd. 4: Psychologische Schriften. 7. Aufl. Frankfurt a. M.: Fischer, 1970. S. 241–274.

Hoffmann, E. T. A.: Der Sandmann. Stuttgart: Reclam, 2003.

Kleist, Heinrich von: Die Marquise von O… / Das Erdbeben in Chili. Stuttgart: Reclam, 2004.

Lange, Hartmut: Irrtum als Erkenntnis. Meine Realitätserfahrung als Schriftsteller. Zürich: Diogenes, 2002.

Pascal, Blaise: Gedanken. Aus dem Französischen von Ulrich Kunzmann. Kommentar von Eduard Zwierlein. Berlin: Suhrkamp, 2012.

Shakespeare, William: Othello. Zweisprachige Ausgabe. Neu übersetzt und mit Anmerkungen versehen von Frank Günther. 4. Aufl. München: Deutscher Taschenbuch Verlag, 2006.

Sekundärliteratur

Banchelli, Eva: Die Landschaft der Melancholie: Raumdarstellung und Raummetaphorik bei Hartmut Lange. In: Manfred Durzak (Hrsg.): Der Dramatiker und Erzähler Hartmut Lange. Würzburg: Königshausen & Neumann, 2003. S. 165–177.

Benjamin, Walter: Das Kunstwerk im Zeitalter seiner technischen Reproduzierbarkeit. Drei Studien zur Kunstsoziologie. Frankfurt a. M.: Suhrkamp, 1977.

Demet, Michel-François: „Die Wahrheit liegt im Verschwinden" oder Die Allgegenwart des heiteren Todes in den Novellen Hartmut Langes. In: Manfred Durzak (Hrsg.): Der Dramatiker und Erzähler Hartmut Lange. Würzburg: Königshausen & Neumann, 2003. S. 16–29.

Durzak, Manfred (Hrsg.): Der Dramatiker und Erzähler Hartmut Lange. Würzburg: Königshausen & Neumann, 2003.

Durzak, Manfred: Einleitung. In: M. D. (Hrsg.): Der Dramatiker und Erzähler Hartmut Lange. Würzburg: Königshausen & Neumann, 2003. S. 7–11.

Freund, Winfried: Novelle. Stuttgart: Reclam, 2009.

Grathoff, Dirk: Heinrich von Kleist: *Die Marquise von O…* In: Interpretationen: Erzählungen und Novellen des 19. Jahrhunderts. Bd. 1. Stuttgart: Reclam, 1988. S. 97–131.

Hertling, Ralf: Das literarische Werk Hartmut Langes. Hoffnung auf Geschichte und Glaube an die Kunst – Dramatik und Prosa zwischen 1960 und 1992. Frankfurt a. M / Berlin / Bern / New York / Paris / Wien: Peter Lang, 1994. (Bochumer Schriften zur deutschen Literatur Bd. 41.)

Hinck, Walter: Wer der Krähe folgt, ist halb schon verloren. Hartmut Lange: *Das Haus in der Dorotheenstraße*. In: Frankfurter Allgemeine Zeitung, 28. Mai 2013; http://www.faz.net/aktuell/feuilleton/buecher/rezensionen/belletristik/hartmut-lange-das-haus-in-der-dorotheenstrasse-wer-der-kraehe-folgt-ist-halb-schon-verloren-12198342.html

Kleinschmidt, Sebastian: Gewißheit der Ungewißheit. Hartmut Langes Poetik der Irritation. In: Manfred Durzak (Hrsg.): Der Dramatiker und Erzähler Hartmut Lange. Würzburg: Königshausen & Neumann, 2003. S. 30–39.

Koebner, Thomas: E. T. A. Hoffmann, *Der Sandmann*. In: Interpretationen: Erzählungen und Novellen des 19. Jahrhunderts. Bd. 1. Stuttgart: Reclam, 1988. S. 257–307.

Lurker, Manfred: Wörterbuch der Symbolik. 5., durchgesehene und erweiterte Aufl. Stuttgart: Kröner, 1991.

Maron, Monika: Laudatio auf Hartmut Lange zur Verleihung des Italo-Svevo-Preises 2003; http://archive.is/dN2gi#selection-25.1-35.18, Zugriff 11.9.2017

Rüdenauer, Ulrich: Ruhend im freien Fall. Hartmut Lange wird 80. In: Süddeutsche Zeitung, 30. März 2017; http://www.sueddeutsche.de/kultur/hartmut-lange-wird-ruhend-im-freien-fall-1.3443902

Schmidt, Jochen: *Die Marquise von O...* In: Walter Hinderer (Hrsg.): Kleists Erzählungen. Interpretationen. Stuttgart: Reclam, 1998. S. 67–84.

Schröder, Lothar: Zweifeln am Sinn des Lebens. Zum 80. Geburtstag des großen Novellisten Hartmut Lange. In: Rheinische Post, 31. März 2017; http://www.rp-online.de/kultur/zweifeln-am-sinn-des-lebens-aid-1.6725221

Stichwortregister

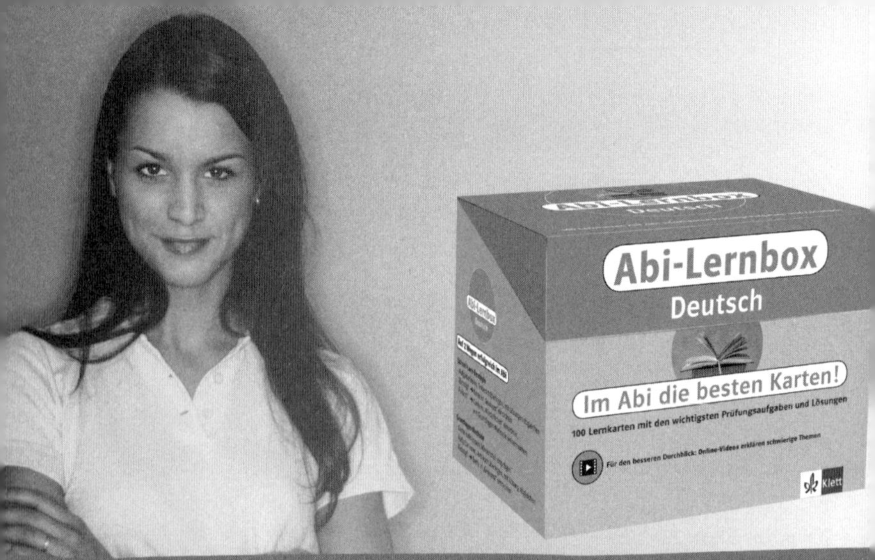

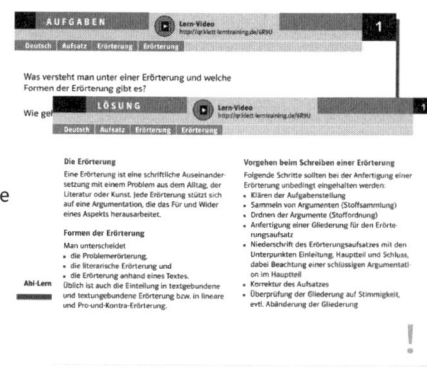

Die besten Karten im Abi

100 Lernkarten für das Abitur – mit den wichtigsten Fragen, die jeder beherrschen muss

Mit ausführlichem Hintergrundwissen auf der aufklappbaren Innenseite.

Mit Fächerunterteilung „Gewusst" und „Wiederholen" zur systematischen Prüfungsvorbereitung.

Inhalt:
- Aufsatz: Erörterung, Textanalyse, Prosa-, Drama-, Gedichtanalyse
- Literaturgeschichte von Barock bis heute
- Methoden: Zitiertechnik, Literaturrecherche, Präsentationen

 Extra: Online-Videos erklären schwierige Themen!